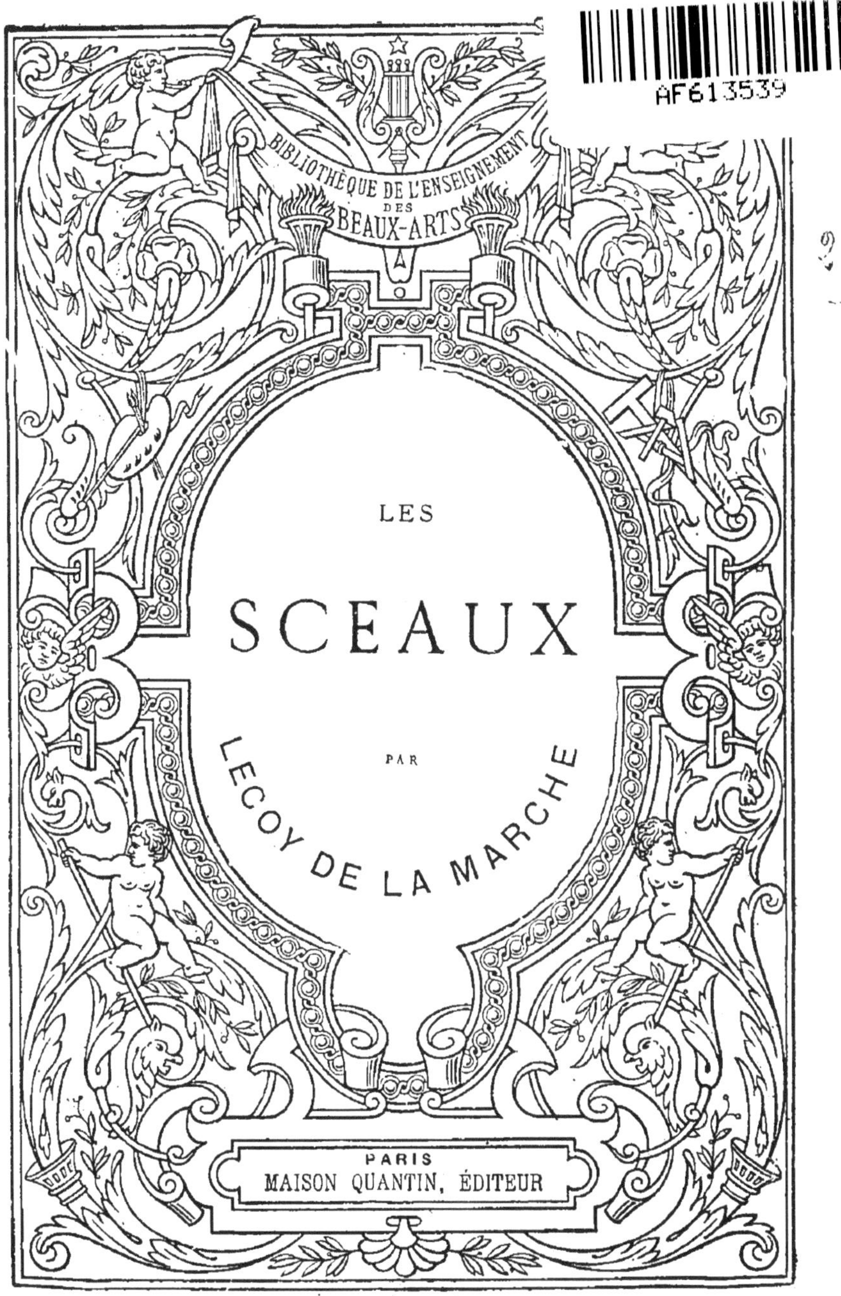

Marius Michel, del.

COLLECTION PLACÉE SOUS LE HAUT PATRONAGE

DE

L'ADMINISTRATION DES BEAUX-ARTS

COURONNÉE PAR L'ACADÉMIE FRANÇAISE

(Prix Montyon)

ET

PAR L'ACADÉMIE DES BEAUX-ARTS

(Prix Bordin)

Cet ouvrage a été déposé au Ministère de l'Intérieur
en décembre 1889.

BIBLIOTHÈQUE DE L'ENSEIGNEMENT DES BEAUX-ARTS
PUBLIÉE SOUS LA DIRECTION DE M. JULES COMTE

LES SCEAUX

PAR

LECOY DE LA MARCHE

PARIS
MAISON QUANTIN
COMPAGNIE GÉNÉRALE D'IMPRESSION ET D'ÉDITION
7, RUE SAINT-BENOIT

PRÉFACE

L'étude des sceaux, naguère tout à fait négligée, a pris depuis quelques années un développement rapide. On s'est aperçu qu'ils constituaient, non seulement une série de documents historiques, mais une classe de monuments artistiques du plus haut intérêt. Les époques douées du sentiment de l'art communiquent à tout ce qu'elles touchent, même aux objets les plus usuels, un cachet inimitable; aussi le moyen âge a-t-il laissé sur ces milliers d'emblèmes, servant à la validation des actes publics ou privés, l'empreinte de son esprit et de son goût original. La langue des images était alors plus familière au peuple que la langue écrite : voilà pourquoi les arts de cette période sont supérieurs à sa littérature, et voilà pourquoi elle a fait de la gravure sur métal, de la gravure sigillaire une spécialité si brillante. C'est ce domaine nouveau, si peu connu encore en dehors du monde savant, que j'essaye d'ouvrir aujourd'hui au public, donnant ainsi un pendant au livre que j'ai publié dans cette même collection sur la *Miniature,* sujet lié à celui-ci par des rapports plus étroits qu'on ne le suppose.

N'ayant nullement la prétention d'écrire un traité de sigillographie, je me suis borné à envisager les sceaux au point de vue artistique, en ajoutant toutefois à cet ordre de considérations quelques notions essentielles sur leurs origines, leur usage et leur disparition. Leurs origines commencent avec les pierres gravées antiques, dont j'ai dû dire un mot, en attendant qu'un juge plus compétent en fasse l'objet d'une étude particulière. Leur disparition a amené l'avènement des cachets modernes, qui m'ont fourni la matière d'un épilogue tout naturel. Entre ces deux termes extrêmes, j'ai accordé la plus large place aux *types* des sceaux, c'est-à-dire aux figures, en les examinant dans l'ordre des catégories sociales auxquelles appartenait chacun d'eux. Enfin, dans un dernier chapitre, j'ai donné des renseignements généraux sur les principales collections et les travaux exécutés jusqu'à ce jour, afin d'indiquer aux amateurs où ils devaient s'adresser pour apprendre à connaître les monuments originaux.

Pour moi, je n'ai pas eu à aller chercher bien loin les éléments de ce livre. Vivant depuis vingt-cinq ans au milieu du plus riche dépôt du monde, celui des Archives nationales de France, attaché plus particulièrement à la Section historique, de laquelle dépend la grande collection sigillographique qui fait l'admiration des savants, je n'ai eu, pour ainsi dire, qu'à me baisser pour puiser dans ce trésor sans fond, et n'ai pas eu besoin de faire connaissance avec ces vénérables survivants d'un autre âge, que je suis habitué dès longtemps à traiter avec une respectueuse familiarité. Cela ne m'a pas empêché, toutefois, d'étendre mes recherches au dehors, ni de profiter des publications antérieures. J'ai mis de préférence à contribution les immenses travaux de mes regrettés prédécesseurs et collègues, MM. Douët d'Arcq et Demay, et peut-être suis-je arrivé à y ajouter sur quelques points un utile complément, notamment sur l'invention du grand sceau royal, sa date et ses conséquences.

Les figures qui ornent ce volume ont toutes été exécutées d'après les empreintes originales ou les empreintes surmoulées, à l'exception de deux ou trois qu'on a dû emprunter à des planches gravées ou photographiées ; quelques-unes ont été prises sur les matrices mêmes. On a laissé, autant que possible, aux sceaux leurs dimensions naturelles, et le nouveau procédé employé pour ces reproductions, participant à la fois de la photographie, de la gravure et de la typographie, achève de leur donner toute la fidélité désirable. Il est arrivé à rendre avec une précision mathématique les moindres reliefs des empreintes de cire ou de métal, et aussi leurs moindres défectuosités ; mais nul ne s'y trompera et ne lui imputera les injures que le temps a fait subir à ces fragiles monuments.

LES SCEAUX

CHAPITRE PREMIER

ORIGINE DES SCEAUX; LES PIERRES GRAVÉES

Sceaux des Égyptiens et des Assyriens. — Anneaux sigillaires des Grecs et des Romains. — Les intailles anciennes dans les temps barbares; anneaux mérovingiens. — Pierres fines employées par Charlemagne et ses descendants. — Antiques encastrées dans les sceaux du moyen âge. — La glyptique continue d'être cultivée à cette époque ; exemples divers.

Le double instinct de la propriété et de la personnalité, étant un de ceux qui sont le plus profondément gravés dans le cœur humain, a dû se traduire dès l'origine du monde par des signes et des usages extérieurs. Aussi l'origine du sceau paraît-elle remonter encore plus haut que celle de l'écriture; car cet emblème n'a pas été apposé uniquement sur les messages ou les actes écrits : il a été longtemps, d'une façon générale, la marque de l'individu et comme son représentant, servant à témoigner de sa présence, de son consentement, de sa possession, ou d'un droit quelconque. On a scellé des marchandises, des produits industriels, des meubles, et même des immeubles, soit pour en conserver ou en protéger la propriété, soit pour exercer un contrôle ou une surveillance. Toutefois on a employé de préférence ce procédé pour attester l'authenticité de certains écrits, notamment des décisions souveraines, et on a commencé à le faire bien avant l'invention de la signature, dans un temps où celle-ci ne pouvait exister et où l'art de tracer des caractères, des hiéroglyphes pour mieux dire, était l'apanage exclusif d'un petit nombre d'initiés.

L'anneau que Pharaon tira de son doigt pour le donner à Joseph, en lui conférant l'autorité suprême, était, d'après Mabillon[1], un anneau sigillaire; cet acte équivalait à la remise du sceau de l'État. C'est, à coup sûr, le premier exemple que l'histoire nous fournisse. Il concorde, d'ailleurs, avec d'autres faits qui nous apprennent que des objets de ce genre existaient dès la plus haute antiquité chez les Égyptiens. Ainsi Hérodote raconte qu'un de leurs souverains, nommé Rhampsinite, avait été la victime d'un vol, et qu'on ne savait qui accuser de ce crime, parce que les cachets qui fermaient le trésor royal étaient demeurés intacts. Et non seulement les Égyptiens scellaient leurs trésors, mais ils scellaient aussi leurs papyrus, ou du moins le cordon qui les nouait, comme l'ont prouvé des découvertes récentes. Nos musées sont pleins de pierres gravées

1. *De re diplomaticâ*, p. 127.

ramassées sur les bords du Nil, et qui ont sans doute servi, il y a quelques milliers d'années, à des usages analogues. La plupart offrent l'image du scarabée sacré, dont le nom est devenu leur appellation générique. Une d'elles, formant, comme beaucoup d'autres, le chaton d'une bague, porte le nom du roi Thoutmès II et représente une sorte d'allégorie de la force victorieuse. On a retrouvé aussi, en 1843, un anneau d'or revêtu d'hiéroglyphes que l'on a reconnu pour le sceau d'un haut fonctionnaire du roi Schoufou, fondateur de la grande pyramide. Ce serait là, si cette attribution est bien certaine, le plus ancien spécimen que l'on ait conservé.

Cependant l'on ne saurait affirmer que le peuple industrieux de l'Égypte ait réellement inventé les sceaux; car, à une époque presque aussi reculée, nous les voyons répandus chez les Assyriens, les Babyloniens et différentes nations de la haute Asie. Le musée du Louvre en possède plusieurs qui ont été trouvés à Khorsabad, et qui portent, avec des inscriptions cunéiformes gravées en creux, l'effigie d'un roi d'Assyrie. D'autres, provenant des régions araméenne, phénicienne, assyrienne, représentent des divinités aux prises avec des monstres variés, des griffons assaillant des chevaux, des scarabées, etc.; ce sont des pierres dures ayant joué en même temps le rôle d'amulettes, et auxquelles on reconnaissait le pouvoir de protéger les personnes qui les portaient, aussi bien que les objets précieux marqués de leur empreinte[1]. Cette double destination est attes-

1. Voy. à ce sujet une intéressante notice de M. de Vogüé, dans la *Revue archéologique*, nouv. série, t. XVIII, p. 432-450.

tée, entre autres, par un petit cylindre de jaspe rose, conservé au Cabinet royal de la Haye, et travaillé jadis par des graveurs assyriens pour Ourçana, roi de Mouçacir, un des vassaux de leur puissant souverain, qui vivait aux environs de l'an 714 avant Jésus-Christ.

FIG. I. — SCEAU D'OURÇANA, ROI DE MOUÇACIR.
Pierre assyrienne (vers 714 av. J.-C.).

Voici la légende typique inscrite sur ce très curieux monument :

Kunuk Urçana	Sceau d'Ourçana,
sar Muçaçir	roi de Mouçacir
Urabti;	[et] d'Ourabti;
aban lamas's'i,	pierre du lamas,
sa Kima çiri	qui, comme un serpent,
ina sade limnuti	sur les montagnes mauvaises
pâsu pitû.	ouvre sa gueule[1].

Que ce morceau de jaspe et toutes les pierres de son

1. *Gazette archéologique*, an. 1879, p. 249 et suiv.

espèce aient servi plus souvent de talismans que d'autre chose, c'est ce qui n'est pas douteux : l'écriture était moins cultivée que la magie sur les rives de l'Euphrate. Néanmoins le nom même de l'objet nous indique qu'il était avant tout le symbole de la personne de son propriétaire, et que celui-ci l'employait très probablement pour donner à ses messages une plus grande authenticité. Au reste, c'était aussi l'habitude des rois d'Israël, voisins des Assyriens ; car, lorsque Jézabel voulut faire croire aux habitants de Naboth que les lettres qu'elle leur adressait étaient émanées du roi Achab, elle eut soin de les marquer de la pierre ou de l'anneau de ce prince.

Les Grecs, qui avaient avant tout le goût du beau, transformèrent cet instrument utile en véritable œuvre d'art. Ils n'eurent pas encore de sceaux proprement dits ; mais ils enchâssèrent dans le chaton de leurs bagues des gemmes intaillées d'une grande finesse, portant assez souvent un nom d'homme, celui du possesseur ou de l'artiste, écrit au rebours, ce qui prouve qu'elles leur servaient de cachets. Ils appliquaient ces pierres gravées sur des morceaux de cire ou de craie d'Asie, à l'aide desquels ils fixaient les cordons noués autour de leurs missives et, plus tard, les chemises de toile enveloppant leurs tablettes de bois. Cette empreinte, qu'ils appelaient *ϐούλλα*, était quelquefois protégée par une coquille attachée au-dessus. Les cachets des Grecs représentaient des figures mythologiques, des têtes, des personnages, quelquefois des scènes entières, comme l'enlèvement de Proserpine, la course de Pélops, le combat d'un Perse contre un Cypriote, et d'autres sujets de ce genre, dont on peut admirer l'exécution délicate aux musées de Paris, de Vienne, de New-York. Ce dernier possède, entre autres, une intaille grecque d'un beau style archaïque, provenant du trésor de Curium, et dont la monture, formée d'un anneau d'or, atteste encore l'ancienne destination : on y a reconnu Némésis faisant un geste de menace et accompagnée d'un serpent[1].

FIG. 2. NÉMÉSIS. Intaille grecque (IVe-IIIe siècle av. J.-C.).

Déjà l'anneau de Darius, roi des Perses, était orné de l'effigie de Cyrus ou d'un de ses prédécesseurs. Alexandre, à son tour, utilisa celui de Darius (peut-être le même), pour sceller les actes relatifs au gouvernement de l'Asie. Beaucoup d'autres chefs-d'œuvre de la glyptique des Hellènes passèrent aux doigts des Romains, qui les conservèrent précieusement et les employèrent aux mêmes usages. Toutefois une idée superstitieuse s'attachait encore aux pierres gravées : le peuple leur attribuait des vertus merveilleuses et les offrait souvent aux dieux sur leurs autels ; il s'en servait même comme de préservatifs contre les serpents, contre les crocodiles, contre les moustiques ! C'est ce qui en explique principalement la multiplication.

Les Romains ne s'approprièrent pas seulement les produits de l'art grec : ils essayèrent d'en imiter la façon ainsi que la monture. Mais, comme dans les autres branches, ils demeurèrent au-dessous de leurs devanciers. Ils avaient trouvé, d'ailleurs, des modèles plus

1. Voy. la *Gazette archéologique*, an. 1878, p. 105.

près de chez eux ; car les Étrusques s'étaient eux-mêmes exercés dans ce travail délicat. Mais il faut se garder de ranger dans la catégorie des sceaux les innombrables intailles sorties des ateliers romains ; une faible partie d'entre elles a seule le droit d'être mentionnée en cette qualité.

Scipion l'Africain scellait avec une sardoine gravée, dont le sujet n'est pas indiqué. Sur l'anneau de Sylla, on voyait Jugurtha dans les fers, et sur celui de Pompée un faisceau de trophées. Celui de Jules César offrait au centre une Vénus armée; celui d'Auguste, un sphinx ; mais l'opposition de ce temps-là s'en prit à cette inoffensive allégorie ; elle prétendit que les lettres de l'empereur renfermaient des énigmes mystérieuses, et elle cria si fort, que le malheureux sphinx dut être supprimé, pour faire place à la tête d'Alexandre ! Cette tête servit ensuite de cachet à tous les empereurs, jusqu'à l'avènement de Galba, qui adopta l'emblème particulier de sa famille : un chien se jetant à la mer du haut d'un vaisseau. Commode, bien qu'il eût fait faire plusieurs intailles à son effigie [1], ne craignit pas d'arborer officiel-

FIG. 3. — BUSTE DE COMMODE.
Intaille romaine,
ayant servi de sceau à Louis le Débonnaire
(IXe siècle).

1. Voy. notamment la collection des Archives nationales, n° 17.

lement celle de sa maîtresse Marcia. Bientôt tous le grands personnages de l'Empire, puis tous les ordres de citoyens sans distinction, eurent le droit de sceller de leur anneau, et, à mesure que cette mode se répandit, le chaton prit des proportions plus grandes. Alors, au lieu d'être formé d'une pierre précieuse, il consista souvent en un simple champ de métal, en or, en argent, en fer, également gravé.

Ces larges cachets, approchant déjà des véritables sceaux par leur dimension, reçurent le nom de *sigilla* ou d'*annuli sigillarii*. On les trouve aussi désignés, dans Cicéron, par le mot de *signum* [1], qui veut dire, d'une façon générale, un emblème, une effigie, une figurine; mais ce terme changea un peu plus tard de signification, et s'appliqua de préférence au *seing* ou à la signature. Les *sigilla* s'imprimaient généralement sur de l'argile ou sur un mélange de poix et de cire — d'où l'épithète de *cerographus* —, qu'il fallait humecter préalablement de salive; pour les lettres missives, on collait cette empreinte sur le fil qui les entourait. Mais les Romains appliquaient le même mode de fermeture à beaucoup d'autres choses, à leurs sacs d'argent, à leurs amphores, à leurs caves, et même aux portes de leurs gynécées, dont les habitantes n'étaient pas mieux gardées pour cela; et ils avaient à cette fin des sceaux de formes différentes.

L'antiquité chrétienne nous a laissé à son tour des pierres fines remarquablement travaillées, datant probablement des IVe et Ve siècles ; le Christ, la Vierge, les

1. 3e Catilinaire.

anges, saint Pierre, saint Paul, et d'autres saints en petit nombre, en ont fourni les sujets ordinaires. Mais on y voit aussi de petits objets symboliques, attestant combien les fidèles étaient familiarisés avec les mystères de l'Écriture et de la liturgie : des colombes, des ancres, un poisson, des croix de différente sorte. La secte des gnostiques a elle-même légué à la postérité, sous une forme identique, des symboles de son obscure doctrine, principalement le type d'Abraxas Panthée, ce personnage fantastique, armé du bouclier et du fouet, à la tête de coq, aux reins ceints d'un tablier, aux jambes semblables à des serpents; et ce thème étrange est encore traité avec une grande finesse [1].

FIG. 4.
ABRAXAS PANTHÉE.
Intaille gnostique, ayant servi de sceau à Marguerite de Flandre. (Ier-IIIe siècle).

Enfin l'habitude de se servir des pierres gravées pour sceller ou cacheter fut directement transmise par les Romains aux peuples qui leur succédèrent, bien que ceux-ci aient inventé pour le même usage un objet tout spécial; c'est ce qu'il convient de montrer ici en quelques mots, avant d'en venir aux sceaux proprement dits. Une notable quantité d'intailles antiques passa même aux mains des chefs barbares après les grandes invasions. Ils les recueillirent avec une admiration curieuse; mais ils ne les employèrent tout d'abord que par excep-

1. Voy. la collection de moulages des Arch. nat., *Flandre* nº 135; Demay, *Invent. des sceaux de l'Artois*, planches nº 336.

tion. En Gaule notamment, les rois mérovingiens leur préférèrent les anneaux d'or à plaques de même métal, gravées de différentes façons, et leurs sujets se contentèrent souvent de bagues du même genre en argent ou en bronze. Il y eut cependant des gemmes anciennes montées en cachets sous les princes de cette dynastie. On en a un exemple dans la cornaline ovale découverte par un cultivateur de nos jours à Saint-Chamant, dans la Corrèze, et qui a été l'objet d'une étude attentive de la part de M. Deloche, membre de l'Institut[1]. Cette pierre gisait sous terre à côté des débris d'un anneau d'or jaune auquel elle était fixée autrefois. Or elle appartient évidemment aux premiers siècles de notre ère par le travail et le sujet (un personnage vu de profil, coiffé d'une espèce de chapeau, vêtu d'une longue robe traînant jusqu'à terre et serrée sous les bras par une ceinture), tandis que l'anneau lui-même, par sa facture et ses ornements, ne peut être attribué qu'aux temps barbares.

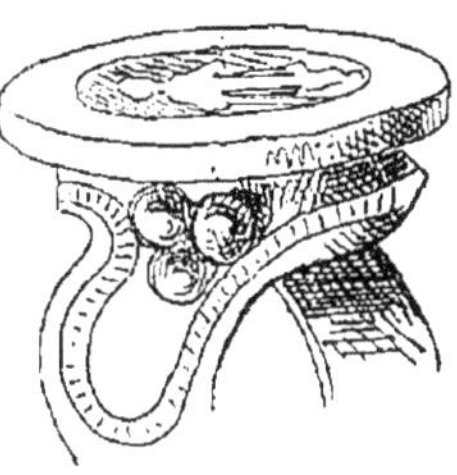

FIG. 5. — ANNEAU DE DONOBERTUS. Cornaline antique ayant servi de cachet (IIIe siècle).

« Sur le cercle du chaton est soudée une bande d'or assez inégalement taillée, de deux centimètres de longueur totale dans le sens du doigt, sur une largeur

1. Voy. la *Revue archéologique*, nouv. série, t. XL, p. 19 et suiv.

d'un centimètre et demi; cette bande, posée à plat, porte une inscription. Dans le vide compris entre les bords intérieurs de cette bande de métal était encastrée la cornaline... Toutefois celle-ci, dont nous pouvons, malgré les cassures qu'elle a subies, reconnaître facilement les contours primitifs, était loin de remplir tout le chaton; elle y était assujettie d'une façon et au moyen d'un corps dont nous n'avons aucune trace et que nous ne saurions déterminer. Enfin les branches circulaires de l'anneau et la partie supérieure du chaton sont bordées d'un fil d'or qui y est soudé, et l'on voit, de plus, trois points ou globules d'or également soudés à la rencontre du chaton et des branches. Ces ornements sont caractéristiques du travail mérovingien, et on les retrouve sur des bagues décrites ou reproduites par MM. de Longpérier et Edmond Le Blant, qui n'ont pas hésité à les dater de la période mérovingiennne [1]. »

Telle est la monture assez grossière que les artistes du temps donnaient à ces petits chefs-d'œuvre de la glyptique grecque ou romaine, lorsque la monture ancienne ne subsistait plus. Il est vrai que le bijou dont je viens de parler n'était, suivant M. Deloche, que le cachet d'un médecin du VIIe siècle, qui l'employait à sceller les médicaments livrés par lui à ses clients et l'avait, pour ce motif, orné de son nom ou de sa signature : DONOBERTUS. La pierre gravée adoptée par ce personnage aurait été, dans ce cas, assez bien choisie, en raison de son sujet.

1. Voy. la *Revue archéologique*, nouv. série, t. XL, p. 20.

A défaut des monuments, qui sont rares pour cette période, les textes nous fournissent quelques indications utiles. Saint Avit, archevêque de Vienne, au VIe siècle, avait reçu d'un de ses confrères, du nom d'Apollinaire, l'offre d'un anneau digne de sa qualité. Sur sa demande, sans doute, il lui manda comment il le désirait.

« La bague que vous voulez bien m'offrir, dit-il dans sa lettre, devra être faite ainsi. Au milieu d'un anneau de fer très mince, formé de deux dauphins affrontés, on enchâssera un sceau à deux faces, tournant sur un pivot. Ainsi pourra se montrer ou se cacher, à volonté, une pierre verte ou un pâle *electrum*[1]. Que ce métal ne soit point tel que je l'ai vu parfois, facile à ternir dans les mains les plus nettes, et semblant un mélange impur d'un or qu'on n'aurait point soumis au feu; qu'il ne rappelle point l'alliage que naguère le roi des Goths (c'était là une annonce de sa chute) introduisit dans sa monnaie. Que mon *electrum*, d'une teinte modérée, ait à la fois la couleur fauve de l'or et la blancheur de l'argent, métaux précieux par leur union et redoublant d'éclat lorsqu'on fait paraître le vert de l'émeraude. Que l'on grave sur le sceau mon monogramme, entouré de mon nom, qui permette de le lire. A l'opposé du chaton, le milieu de l'anneau sera formé par les queues des dauphins. On cherchera, pour l'enchâsser entre eux, une pierre allongée et pointue par ses deux extrémités[2]. »

1. Alliage d'or et d'argent très usité dans la première partie du moyen âge.

2. Saint Avit, *Epist.* LXXVIII; Le Blant, *Inscriptions chrétiennes de la Gaule*, p. 50.

Les termes de ce curieux devis n'indiquent pas, il est vrai, si la pierre devait être gravée, ou si le monogramme devait être inscrit sur la plaque d'*electrum*. La seconde supposition est plus probable. Mais la description de cet anneau épiscopal, muni d'un sceau mobile et tournant, dans lequel entrait sans doute une émeraude, n'en avait pas moins sa place ici : elle jette un jour précieux sur les usages et les goûts des contemporains de Clovis. S'il fut réellement exécuté, ce joyau dut être une des curiosités de l'orfèvrerie du temps.

Sous les Carlovingiens, au contraire, la pierre fine sigillaire reparaît avec abondance ; et il n'y a pas à s'y tromper, même lorsqu'on ne possède plus qu'une reproduction en cire, car le fini du dessin, le modelé, le style font aisément distinguer une œuvre d'art antique, et, d'un autre côté, la netteté de l'empreinte, les traces de sertissure qu'on y découvre, attestent qu'elle a été produite par une matière plus dure que le métal. Déjà Pépin et Carloman se servent d'intailles représentant la tête d'Auguste jeune, imberbe, la figure de Bacchus-Pogon, à la barbe épaisse et couronné de lierre, le buste de Diane vu de profil, les épaules nues, les cheveux noués derrière la tête [1]. La renaissance artistique et littéraire provoquée par Charlemagne achève de remettre en faveur cette mode élégante, et le grand empereur lui-même adopte successivement pour sceau deux intailles beaucoup mieux travaillées ou mieux conservées que les précédentes. Sur la première, on

1. Collection des Archives, nos 12, 13, 14.

croit reconnaître les traits de Marc-Aurèle. Mais le monarque catholique, le zélé défenseur de la papauté a cru devoir christianiser cette effigie païenne en l'entourant d'un cercle de métal portant l'inscription suivante :

CHRISTE, PROTEGE KAROLUM, REGEM FRANCORUM.

De même les chrétiens du IVe siècle, parvenus à la liberté, appropriaient à leurs besoins les monuments du culte idolâtrique et les baptisaient, pour ainsi dire, en les plaçant sous le vocable d'un saint. De même encore, saint Martin et ses disciples consacraient, au lieu de les renverser, les vieilles pierres druidiques disséminées sur le sol de la Gaule. La religion nouvelle a toujours procédé par adaptation plutôt que par destruction. Nous verrons mieux que cela tout à l'heure.

FIG. 6.
JUPITER SÉRAPIS.
Intaille antique ayant servi de sceau à Charlemagne (Ier-IIIe siècle).

Le second sceau de Charlemagne est encore plus remarquable. C'est un Jupiter Sérapis d'une finesse et d'une conservation merveilleuses, aux cheveux bouclés, à la barbe frisée, le *modius* sur la tête, tel, en un mot, que le représentent les chefs-d'œuvre de la sculpture ou de la gravure antiques[1]. Le contour de la pierre était seul un peu usé. Il est facile de voir, d'après l'empreinte conservée sur un diplôme impérial de l'an 812,

1. Collection des Archives, nº 16.

que cette gemme avait été sertie, comme l'autre, dans un cercle métallique, mais formant une saillie plus forte et sans inscription. Toutes deux étaient probablement montées en bagues, suivant l'usage; et la largeur relative de la première (28 millimètres) ne saurait détruire cette supposition, car, il ne faut pas l'oublier, la main comme le pied de Charlemagne étaient de proportions peu ordinaires, et, d'ailleurs, des pierres plates pouvaient déborder sans inconvénient sur les doigts voisins de l'annulaire, à condition d'être supportées par un cercle moins large.

Louis le Débonnaire, à son tour, se sert d'une intaille romaine représentant la tête laurée de l'empereur Commode, tournée à droite et entourée d'une légende analogue à celle du premier sceau de Charlemagne[1]. Pépin, roi d'Aquitaine, scelle avec une pierre scyphate de dimensions minuscules, où les uns ont voulu voir un Auguste, les autres un Tibère, ou un Caligula, ou un Domitien, mais offrant, à coup sûr, l'effigie d'un empereur romain couronné de lauriers. Charles le Chauve emploie, par exception, un camée ou une imitation de camée, dont l'empreinte, marquée naturellement en creux, est malheureusement fruste[2]. L'empereur Lothaire et quelques-uns de ses successeurs, tout en ayant d'autres sceaux, usent, à l'occasion, de différentes pierres gravées. Cette mode traverse même la Manche; car, au centre d'un sceau anglais dont la date ne peut être précisée, mais qui présente une grande analogie

1. Voy. ci-dessus, fig. 3.

2. Coll. des Archives, nos 17, 18, 22.

avec ceux de la dynastie carlovingienne et doit être, par conséquent, leur contemporain, on distingue également un buste de profil ne pouvant provenir que de l'impression d'une antique[1].

Les Capétiens, ayant inventé pour les actes officiels, comme nous le verrons plus loin, les grands sceaux de métal, ne pouvaient plus utiliser de la même façon les produits exigus de la glyptique. Ils se contentèrent de les encastrer quelquefois dans le corps des nouvelles matrices ou des contre-sceaux, dont l'empreinte devait être adossée à la leur. Ainsi, dans un de ces derniers, à l'usage de Louis le Jeune, on avait fait entrer une pierre reproduisant l'image de Diane chasseresse, avec un chien courant à ses pieds[2]. Ce procédé fut imité par plusieurs souverains des contrées voisines, notamment par Alphonse X, roi de Castille, par Denis le Libéral et Alphonse II, rois de Portugal. Mais les seigneurs et les particuliers, lorsqu'ils eurent également des sceaux, leur donnèrent, avec des dimensions bien moindres, des types moins arrêtés, moins solennels, et se livrèrent à beaucoup plus de fantaisies que leurs princes : aussi employèrent-ils en bien plus grande quantité les pierres fines, soit isolées, soit enchâssées dans une matrice de métal gravé. Demay, en énumérant toutes les intailles dont il a retrouvé la trace sur la cire, en a signalé plus de trois cents ayant servi à sceller dans la période comprise entre le xe et le xvie siècle[3]. Sur la

1. Voy. *The great seals of England,* par Wyon; Londres, 1887, in-4; pl. 1, n° 4.
2. Coll. des Archives, n° 37.
3. *Inv. des sceaux de l'Artois et de la Picardie,* introduction.

liste figure un bon nombre d'images de Jupiter, d'Isis, de Mars, d'Apollon, d'Esculape, de Pégase, de Diane, de Minerve, de Méduse, de la Victoire, de Vénus, de Mercure, de Bacchus, d'Hercule, d'Omphale, de la Fortune, de faunes, de centaures, de génies, ainsi que des animaux, des fruits, des grylles, des personnages grecs ou romains, des bustes d'empereurs. Mais on y voit aussi des têtes de Christ, des vierges, des anges, des saint Pierre, des saint Paul, remontant à l'antiquité chrétienne, et jusqu'à des Abraxas Panthée, ce type bizarre dont j'ai parlé plus haut. Quelquefois même ces gemmes si fines ont servi de modèles aux artistes qui fabriquaient les sceaux de métal : ainsi le sceau de l'ordre des Hospitaliers teutoniques était simplement l'agrandissement de la minuscule Vierge à la chaise gravée sur la pierre qui en formait le contre-sceau [1].

FIG. 7. — VIERGE A LA CHAISE.
Intaille romaine ayant servi de contre-sceau à l'Ordre des Hospitaliers teutoniques (IVe siècle).

FIG. 8. — VÉNUS.
Pierre gravée antique, ayant servi de contre-sceau à Guillaume de Champagne, archevêque de Sens (Ier-IIIe siècle).

De graves prélats, d'austères religieux n'ont pas craint d'apposer eux-mêmes sur les chartes de leur abbaye ou

1. Coll. des Archives, n° 9952.

de leur cour épiscopale l'effigie des divinités du paganisme, voire même des plus court vêtues : l'un d'eux, un archevêque de Sens du XIIe siècle, a employé à cet usage un buste de Vénus remarquable par son élégance[1]. Mais pour concilier les convenances avec leurs goûts artistiques, ils ont affecté, la plupart du temps, de prendre ces figures mythologiques pour des sujets appartenant à la théodicée ou à la symbolique chrétiennes, ou du moins ils ont essayé de les faire passer pour tels. Ainsi, sur le contre-sceau de Nicolas, abbé de Saint-Étienne de Caen, une Victoire ailée est devenue un ange, comme le prouve la légende qui l'accompagne : *Ecce mitto angelum meum.* Sur celui du chapitre de Saint-Julien du Mans, un cavalier poursuivant une biche est transformé en chasseur d'âmes par l'inscription du texte sacré : *Capite vulpes parvulas.* Les guerriers antiques se changent en saints Georges, par le moyen d'une retouche qui ajoute au dessin une lance et un dragon. Mieux encore : un Caracalla barbu, lauré, absolument païen d'allure et d'apparence, est donné explicitement pour le prince des apôtres ; un graveur sans vergogne a tracé au-dessous, sur une ligne verticale, les mots Ο Πέτρος[2]. C'est le comble de la naïveté ou du prosélytisme.

Ces divers exemples sont assez nombreux pour que l'on ne puisse plus regarder tout à fait comme une excentricité l'emploi des intailles dans les sceaux du

1. Arch. nat., Sceaux de l'Ile-de-France, n° 861.

2. Lenormant, *Trésor de numismatique et de glyptique*, p. 80, pl. XLIII.

moyen âge. Plusieurs raisons ont contribué à perpétuer cette mode parmi les nations modernes : la longue persistance des traditions du passé, le goût du luxe et des pierres précieuses, enfin un reste de superstition qui s'attachait encore à elles et qui a fait écrire à Thomas de Cantimpré, comme à plusieurs autres, des chapitres ou même des livres entiers sur leurs vertus merveilleuses.

Maintenant, le moyen âge s'est-il contenté d'utiliser ces cachets antiques et n'a-t-il pas cherché à les imiter, à en fabriquer de nouveaux? Grave question, qui ne saurait sans doute être complètement résolue qu'après une étude approfondie des produits de la glyptique en général. Cependant les monuments sigillographiques suffisent à eux seuls pour nous indiquer dans quel sens elle doit être tranchée.

Suivant M. Labarte, et, il faut bien le dire, suivant l'opinion généralement reçue jusqu'à ce jour, l'art de la gravure en pierres fines aurait disparu dès le ve siècle et serait tombé complètement en oubli chez les peuples d'Occident, pour refleurir seulement après la prise de Constantinople et l'invasion des artistes byzantins en Italie[1]. Tout au plus Benedetto Peruzzi les aurait-il prévenus, dans cette contrée, vers la fin du xive siècle ; mais, en France, il n'aurait eu d'imitateurs que sous François Ier. Que d'idées semblables se sont accréditées, en matière d'archéologie, sur la foi de certains auteurs de seconde main, et parce qu'on négligeait l'étude des monuments originaux ! Or cette étude

1. Labarte, *Histoire des arts industriels*, I, 373 et suiv.

conduit, sur le point qui nous occupe, à une conclusion toute différente.

La glyptique était si peu oubliée chez nous durant le moyen âge, que nos pères n'ont, pour ainsi dire, pas cessé de la cultiver dans le cours de cette longue période. Pour la première phase de notre histoire, pour les temps mérovingiens, nous manquons de preuves ; il y a là, comme dans l'histoire de tous les arts, une lacune évidente. Mais on ne sait vraiment si cette lacune ne tient pas à la rareté des documents écrits et des documents figurés plutôt qu'à l'impuissance des artistes du temps, qui étaient au moins d'habiles orfèvres ; d'ailleurs, la lettre de saint Avit, citée plus haut, ne permet guère de croire à cette impuissance pour ce qui concerne le travail des pierres fines en général. Quant à leur gravure en particulier, on peut au moins invoquer le témoignage d'un sceau employé ultérieurement par le roi de France Lothaire. C'est une intaille où se voyait un buste de face, vêtu d'une tunique, avec de longs cheveux pendant de chaque côté, offrant, en un mot, la reproduction exacte du type si caractéristique des rois mérovingiens, tel qu'on le rencontre sur leurs sceaux métalliques[1]. Peut-être fut-elle exécutée pour l'un de ces princes, et reprise ensuite, par fantaisie, par le roi Lothaire, qui l'aura fait entourer d'une légende à son nom ; car sa dynastie n'avait pas, en pareille matière, des usages bien fixes. En tout cas, elle se rapproche beaucoup moins des pierres sigillaires adoptées par ses prédécesseurs et successeurs

1. Coll. des Archives, suppl., n° 24.

immédiats que des anneaux mérovingiens dont j'aurai à m'occuper bientôt.

Sous la dynastie carlovingienne, on grava certainement sur le cristal de roche et, sinon sur la cornaline,

FIG. 9 — SCEAU DE LOTHAIRE, ROI DE FRANCE.

Pierre gravée (v^e-ixe siècle).

du moins sur une pâte de verre imitant tout à fait cette pierre. Un sceau de Lothaire, représentant le buste couronné de ce prince, et qui alla ensuite, comme tant d'autres intailles, orner un objet d'orfèvrerie religieuse, fut exécuté sur la première de ces deux matières. La seconde servit à la reproduction d'un buste d'homme casqué, copié sur la monnaie d'un des successeurs de l'empereur Constantin : cette fausse cornaline, encastrée dans un cercle de bronze décoré de grenats, avait la forme des sceaux du temps et fut très probablement employée en cette qualité[1].

A partir du xe siècle, on rencontre des exemples de plus en plus nombreux. Conrad, roi d'Arles et de Bourgogne, scelle avec un tout petit buste à cheveux courts, laissant voir le vêtement appelé le *paludamentum* (943); Lothaire, roi de France, avec le buste d'âge douteux dont il a été question tout à l'heure (977); Raoul de Nesle et Jean, comtes de Soissons, avec un « cavalier au gonfanon » (1115 et 1262); Gautier, chambrier de France, avec un buste de profil paraissant imité d'une ancienne sculpture égyptienne (1174); Pierre de Longueville, avec un autre cavalier au gonfanon (fin du xiie siècle); Jean, comte de Vendôme, avec deux anges ailés et nimbés (1210 et 1230); Guillaume de Bardenay, avec une tête couronnée (1211); Clémence, dame de Sauqueville, avec une tête aux cheveux coupés (1237); Gilles de Hallu, avec un cavalier tenant une lance (même année); les gardes des foires de Champagne, avec un personnage à mi-corps, barbu, revêtu d'une chlamyde et armé d'un bouclier (1292); Jean de Châlon, sire d'Arlay, avec un lion héraldique rampant (1301); Henri d'Apremont, avec un autre cavalier au gonfanon (1331); Guillaume de Montclar, avec un chevalier

1. Voy. Cahier, *Mélanges d'archéologie*, I, 205; *Bibl. de l'École des chartes*, an. 1873, p. 149.

armé d'une épée, sur un cheval couvert d'une housse (1306); Henri, duc de Lancastre, avec un buste de femme coiffé d'un chaperon (1352); Jean II, roi de France, avec les lettres I. R. F. surmontées d'une couronne (1362) ; Marguerite de France, veuve de Louis Ier, comte de Flandre, avec un lion héraldique (1367); Amédée VI, comte de Savoie, avec un « semé de croisettes » (1369); Charles V, avec une tête royale couronnée, portant la barbe (1371); Guillaume le Barbu, écuyer, avec une tête barbue (1380); Jean de Bretagne, avec un buste de femme aux cheveux tressés (1387); Charles VI, avec un autre buste de femme dont les cheveux nattés descendent sur les joues et où l'on peut voir le portrait de la reine Isabeau de Bavière (1388) ; Jean de Pressy, avec une tête de femme portant un chapeau d'orfèvrerie (1404); Guillaume de Tignonville, prévôt de Paris, avec un buste d'enfant (1406); deux greffiers de la prévôté de Paris, avec deux bustes analogues (1410 et 1420); Henri de Juch, maître d'hôtel du roi, avec un autre buste d'enfant (1417)[1]. Or tous ces

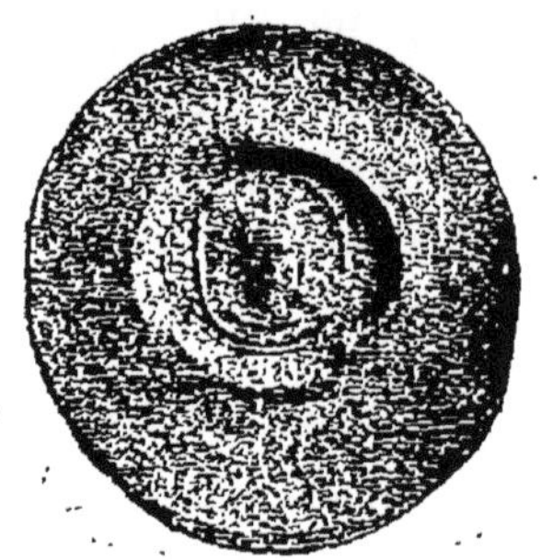

FIG. 10.
CONTRE-SCEAU
DU SIGNET
DE CHARLES V.
Pierre gravée (1371).

1. Voy. Demay, *Inv. des sceaux de l'Artois et de la Picardie*, préface, p. XXIII-XXIV. J'ajoute à la liste fournie par le savant sigillographe deux ou trois exemples tirés de la collection générale des Archives ; on pourrait peut-être en ajouter d'autres, car M. Demay, par scrupule, a laissé dans la catégorie des antiques certaines intailles dont l'âge est au moins douteux. Les collections de province fourniraient encore un appoint.

petits sujets étaient des pierres gravées, et le travail de chacune d'elles, reproduit très exactement sur la cire, atteste suffisamment qu'elles ne remontaient pas à l'antiquité. Comment croire, d'ailleurs, que des artistes grecs ou romains aient pu imaginer ces anges nimbés, ces chevaliers bardés de fer, ces nattes tombantes, ces couronnes d'orfèvrerie, ces emblèmes héraldiques? Il est bien plus raisonnable d'admettre que chacune de ces intailles a été faite pour son propriétaire, suivant l'usage établi pour les sceaux de métal. A tout le moins a-t-elle été gravée à l'époque où il vivait, ou fort peu avant; et la date précise, authentique des actes originaux sur lesquels elle a été apposée ne permet pas de se demander quelle est cette époque.

En dehors des monuments eux-mêmes, les textes anciens qui les décrivent nous apprennent aussi que le moyen âge eut ses graveurs en pierres fines. On trouve surtout la trace de leurs travaux dans ces curieux inventaires de mobiliers ou de trésors princiers, dressés de tous les côtés à partir du XIVe siècle, qui, à l'instar des riches écrins dont ils nous parlent, éblouissent les yeux de quiconque les ouvre. Celui de Robert de Béthune, comte de Flandre, rédigé en 1322, mentionne, parmi des médailles, des camaïeux et d'autres bijoux, « un seel d'or à une pierre vermeille, où Notre-Dame est entaillée[1] ». Sur celui du duc de Berry, frère de Charles V, est porté un cachet de même métal représentant « un duc taillé en un saphir[2] ». L'inventaire de

1. Dehaisnes, *Histoire de l'art en Flandre*, p. 466.
2. De Laborde, *Émaux du Louvre*, glossaire, au mot SAPHIR.

Charles V lui-même contient un chapitre spécial où sont énumérés jusqu'à trente-huit objets précieux du même genre. Voici les principaux :

« Le signet du Roy, qui est de la teste d'un roy sans barbe, et est d'un fin rubis d'Orient; et est celuy de quoy le Roy scelle les lettres qu'il escript de sa main...

« *Item*, ung signet d'or à une verge (anneau) toute pleine, où a ung ruby taillé à une teste de roy; et est le signet dont le roy Charles signoit les lettres des généraulx[1].

« *Item*, deux signets pendans à une chesne d'or, dont il y a en l'ung ung saphir entaillié à un K (*Karolus*) environné de fleurs de lys, et l'autre a ung saphir auquel est entaillé ung roy à cheval, armoyé de France[2]. »

Les signets, il est vrai, ne sont plus tout à fait des sceaux : ils rentrent plutôt dans la catégorie des cachets modernes, qui les ont supplantés, et dont j'aurai à m'occuper; ils en sont l'annonce et le prélude. Ceux de Charles V n'en sont pas moins une nouvelle preuve des connaissances du moyen âge en matière de glyptique. Si ce prince avait eu sous la main des graveurs exercés, prétend M. Labarte, ses bagues et ses sceaux reproduiraient tous des motifs pieux ou sa propre image, tandis qu'au contraire ils n'offrent presque pas de sujets chrétiens. Mais, encore une fois, les têtes des rois couronnées, les fleurs de lis, l'écu de France pouvaient-ils remonter aux anciens, et l'initiale illustrée de Charles ne

1. Peut-être celui qui est reproduit ci-dessus (fig. 10).

2. Ces textes sont cités par Douët d'Arcq, *Collection de sceaux*, p. XXXVII.

figurait-elle pas sur son saphir en vertu de son propre commandement ?

Sans doute, on ne saurait dire que la gravure en pierres fines ait laissé autant de traces dans les sceaux de cette époque que dans ceux de l'antiquité; elle était plutôt un luxe ou une fantaisie, elle était presque l'exception, au lieu d'être la règle, et, par conséquent, elle ne pouvait atteindre la même perfection. Mais cette double différence ne tient pas seulement au défaut d'émulation ou d'expérience des artistes du moyen âge, ni à leur infériorité relative dans la science du dessin : elle est due surtout à cette raison bien simple, que les intailles ne suffisaient plus aux exigences des chancelleries royales et princières. L'invention et la vogue des grands sceaux, des sceaux métalliques à figures et à légendes, voilà le fait capital qui a forcément arrêté le développement de cet art spécial, cultivé autrefois avec tant d'amour. Il devait reprendre son essor à la Renaissance, grâce à l'initiative du pape Paul II en Italie, de quelques hauts et puissants seigneurs en France et ailleurs. Toutefois, il faut le répéter, la tradition en est venue directement, et sans interruption sensible, de l'antiquité jusqu'à nous.

Cette question préliminaire éclaircie — et elle le sera bien mieux, je le répète, le jour où la science étendra son examen à tous les produits de la glyptique moderne, — passons aux sceaux proprement dits, qui doivent faire le sujet principal de notre étude.

CHAPITRE II

USAGE ET LÉGISLATION DU SCEAU

Les anneaux demeurent en usage jusqu'aux premiers Capétiens.— Transformation complète à partir du roi Robert. — Invention du véritable sceau ; le type de majesté. — Extension du droit de sceau à tous les seigneurs, puis à toutes les classes de la population. — Garanties d'authenticité; les fraudes et leurs châtiments. — Renouvellement des matrices. — Conséquences de l'oblitération des empreintes. — Emprunt du sceau d'autrui. — Différentes espèces de sceaux.

L'antiquité grecque et romaine, nous l'avons vu, ne connut guère d'autres sceaux que les anneaux, du moins pour sceller les écrits. Mais ces objets de luxe ne pouvaient recevoir les dimensions nécessaires pour constituer, d'une façon complète et absolue, la représentation de la personne, ce qui était l'idéal poursuivi. On se mit donc d'abord à agrandir le chaton des bagues; puis on en arriva à *détacher les sceaux des anneaux*, afin de pouvoir développer à son aise le champ de la gravure. Il se produisit là quelque chose d'analogue à l'émancipation de la miniature, dont l'histoire offre tant d'analogies avec celle des petits monuments qui nous occupent aujourd'hui. La miniature ne devint réellement un art que le jour où elle eut brisé sa coquille et se fut élancée hors du cadre trop étroit de la lettre initiale. De même, le sceau ne prit une véritable importance sociale et artistique que lorsqu'il eut rompu la chaîne d'or qui l'attachait au doigt de son propriétaire.

Cette transformation a été exprimée en un mot par les Bénédictins : « A force d'augmenter le volume des anneaux, on en a fait des sceaux; et, à force de diminuer celui des sceaux, on en a fait des cachets [1]. »

La belle époque des monuments de cet ordre commencera donc avec la séparation dont je viens de parler et finira au moment où reparaîtra la mode des petits cachets dont nous nous servons encore. Ces limites sont à peu près celles que l'on assigne d'habitude au moyen âge. Mais le début du moyen âge peut se placer lui-même à des dates très différentes; essayons de préciser davantage.

Sous les deux premières races de nos rois, la forme d'anneau est toujours seule usitée. Les Mérovingiens, si fidèles observateurs des pratiques romaines, se conforment scrupuleusement à celle-ci, afin de conserver à leurs actes officiels toute l'autorité possible aux yeux des populations conquises. Le fameux sceau de Childéric, reconnu en 1653 dans son tombeau, à Tournai, n'était autre chose qu'une bague en or, munie d'une plaque ovale de 21 millimètres sur 17, où se voyait l'effigie grossière du roi des Francs, et qui était des-

1. *Nouveau traité de diplomatique,* IV, 9.

tinée à s'appliquer sur la cire[1]. Celui de Dagobert Ier (ou de Dagobert II), retrouvé naguère dans le département du Doubs, celui de Sigebert II, conservé au Cabinet des antiques, sont disposés de même. On a découvert à Haulchin (Hainaut), à Allonnes et à Mulsanne (Sarthe), à Pouan (Aube), à Vitry-le-François, à Turenne et à Saint-Chamant (Corrèze), en Touraine, aux environs de Blois et ailleurs, divers cachets de particuliers remontant à la même époque (car les Gallo-Romains jouissaient encore du droit de sceau reconnu autrefois à la plupart des citoyens de l'Empire) : tous sont de simples anneaux plus ou moins riches, plus ou moins décorés, mais faits pour être portés au doigt et ayant été quelquefois laissés aux mains de leurs propriétaires défunts, comme celui de Childéric.

Charlemagne et ses descendants continuent d'observer la vieille tradition. Les pierres gravées dont ils se servent presque constamment ne pouvaient guère, d'ailleurs, être montées qu'en bagues. Si les empreintes relevées sur leurs actes, surtout celles qui proviennent de matrices métalliques, prennent des proportions un peu plus fortes, c'est que la mode tend déjà à donner aux sceaux un agrandissement indispensable; mais cet agrandissement n'est pas encore tel qu'il faille renoncer à l'anneau sigillaire : on en est quitte pour l'orner d'un plat un peu plus large et débordant au besoin l'annulaire. D'ailleurs, il ne se porte plus nécessairement au doigt, car le roi le confie, pour en faire l'usage voulu, à l'un de ses grands officiers.

1. Coll. des Archives, n° 1. Voy. ci-après, fig. 37.

On trouve une preuve formelle de cette persistance de l'antique coutume dans la formule finale des diplômes royaux qui annonce l'apposition du signe de validation. Jusqu'à l'avènement de la troisième race, le mot régulièrement employé dans cette formule est *annulus*. Deux diplômes, le premier de Childéric II, le second de Thierry IV, font seuls exception [1]; mais l'exemplaire que nous possédons de ces actes est simplement une traduction du xe ou du xie siècle, époque où l'usage avait changé, et, par conséquent, il ne saurait faire foi contre tous les autres, qui sont des originaux.

Au début de la dynastie capétienne, il se produit, au contraire, et dans les empreintes et dans les formules, une transformation soudaine, qui, jusqu'à présent, n'a pas été assez remarquée. On n'a conservé aucun sceau de Hugues Capet : il est donc impossible de dire si ce prince fut l'auteur de cette métamorphose; il est plus probable que non, à en juger par le mot *annulus*, qui se rencontre encore sur un diplôme original délivré par lui en 988, et muni autrefois d'un cachet de cire d'assez petite dimension [2]. Mais, dès la première année du règne de Robert, apparaissent à la fois une nouvelle dénomination et un nouveau genre de sceau. Une charte rendue par ce prince, en 997, est revêtue d'une empreinte beaucoup plus grande que toutes les précédentes (6 centimètres 1/2 sur 5), et ne pouvant provenir en aucune façon d'un chaton ou d'un plat de bague [3]. En

1. Tardif, *Monuments historiques*, n°s 18, 51.
2. Musée des Archives nationales, n° 84.
3. Archives nat., K 18, n° 2.

effet, ce n'est plus un *annulus* que nous annonce la formule finale : c'est un *sigillum*, terme emprunté à l'ancien vocabulaire romain, avec un sens plus restreint; et le *sigillum* (*saiel, seel*), c'est le sceau détaché, indépendant de l'anneau, composé d'une grande matrice de métal gravée en creux, en un mot, le vrai sceau, dont l'avènement va amener une révolution dans les chancelleries et dans l'art du graveur. Le chancelier du roi Robert se servira encore trois ou quatre fois, par un reste d'habitude, ou peut-être parce que la règle ne sera pas encore bien fixée, du mot *annulus;* pendant quelques années, il y aura une sorte d'hésitation, de lutte entre les deux expressions concurrentes; mais, sur tous les actes émanés du roi après l'an 1008, on lira *sigillum,* et les diplômes d'Henri Ier, comme ceux de ses successeurs, contiendront invariablement cette dénomination caractéristique.

Afin de marquer encore mieux l'innovation introduite par lui, Robert imagine en même temps un qualificatif inconnu jusque-là et destiné à rester : il appelle son nouveau sceau l'anneau ou le sceau « de majesté » (*annulus majestatis*). Effectivement, tout en n'atteignant pas le développement grandiose qui lui sera donné à partir du règne suivant, tout en ne montrant le roi qu'à mi-corps au lieu de le montrer assis sur le trône, ce petit monument nous offre déjà la représentation typique du roi de France, avec ses attributs souverains, avec l'énoncé complet et définitif de sa dignité : ROTBERTUS, GRACIA DEI, FRANCORUM REX. Ce n'est pas encore un portrait en pied, mais ce n'est plus un buste ni une simple tête comme précédemment ; une autre intention, une autre figure se font jour. Jusqu'à présent, l'on n'avait fait remonter le type « de majesté » qu'au fils ou au petit-fils de Robert : il faut, comme on le voit, en attribuer l'idée et le nom à ce prince lui-même, et fixer la date de l'invention des nouveaux sceaux à

FIG. 11. — SCEAU DE ROBERT, ROI DE FRANCE.
Type primitif du grand sceau royal (997).

l'année de son avènement (996); car c'est au moment où ils montaient sur le trône que les souverains faisaient fabriquer l'instrument qui devait leur servir à authentiquer leurs lettres. Nous venons de voir que le successeur de Hugues Capet possédait déjà son type en 997[1].

1. Le plus ancien diplôme de Robert qui nous ait été conservé

Cette invention coïncide donc avec la naissance du régime féodal et l'organisation de la monarchie capétienne. Et, certes, ce n'est pas là une rencontre fortuite. C'est au moment où les petits comtes de Paris, devenus les suzerains de leurs égaux de la veille, mais suzerains réduits à une autorité presque nominale, sentaient le besoin d'affirmer leur supériorité de fraîche date, de donner à leur personne un prestige plus éclatant, à leurs actes une force plus efficace et plus durable, qu'ils devaient naturellement recourir à de pareils moyens. Le sceau fut l'arme de la royauté nouvelle. Il en fut aussi l'expression, comme il fut, bientôt après, l'expression de la féodalité, de la chevalerie, et la cause déterminante de la fixation des armoiries seigneuriales.

est de 996 : l'exemplaire ne porte pas de sceau, n'étant qu'une copie authentique du XIVe siècle; mais la formule renferme les mots *annulo majestatis*. Voici, pour compléter la démonstration, toutes les indications fournies par les diplômes *datés* émanant de ce prince; je désigne ces pièces par le numéro d'ordre qu'elles ont reçu dans le carton K 18 des Archives nationales.

1³ (996). *Annulus majestatis*. Pas de sceau.

2⁵ (997). *Sigillum*. Pas de sceau.

2¹ (997). *Sigillum*. Pas de sceau.

2 (997). *Sigillum*. Sceau reproduit ci-dessus (fig. 11).

2⁴ (998). *Annulus*. Sceau disparu ; trace d'empreinte de la même grandeur que le précédent.

2⁶ (1000). *Sigillum*. Même remarque.

3 (1008). *Annulus*. Sceau reproduit ci-dessus.

8 (1014). *Sigillum*. Même sceau.

8⁵ (1029). *Sigillum*. Même sceau.

6 (1030). *Sigillum*. Même sceau.

5 (1030). *Sigillum*. Même sceau.

Le nº 1², sans date, mais donné vers l'an 1000, contient aussi l'expression *annulus majestatis*.

En effet, non seulement les souverains des contrées voisines, les empereurs d'Allemagne, les rois d'Angleterre renoncèrent à peu près en même temps que les rois de France, et pour des motifs analogues (car la féodalité s'établissait à la fois dans presque toute l'Europe), à l'anneau pour le grand sceau, au simple buste pour la représentation à mi-corps, puis à celle-ci pour le portrait en pied[1]; mais les grands vassaux de la couronne s'attribuèrent, avec la plupart des droits royaux, le signe qui les symbolisait tous et qui symbolisait plus particulièrement le premier d'entre eux, à savoir le droit de justice. Jusqu'à la fin du XIIe siècle, toutefois, on ne voit guère que les très hauts personnages ou les corps importants user de cette prérogative dans leurs actes publics et officiels. Au XIIIe siècle, les petites juridictions féodales s'étant multipliées, et chaque seigneur tenant à maintenir et à faire reconnaître la sienne, le moindre baron se fit graver un sceau.

Tout marquis veut avoir des pages!

Mais il lui fallait, pour en jouir paisiblement, obtenir une concession royale, et les rois, bien qu'ils tirassent de là un revenu assez considérable, cherchaient plutôt à opposer une digue à l'envahissement. En 1280, Charles d'Anjou, roi de Sicile, mandait à ses officiers

1. Voy. de Wailly, *Éléments de paléographie*, II, 109, 121. Les papes conservèrent l'anneau dans l'usage ordinaire; mais de très bonne heure ils scellèrent également avec la *bulle*, et quelques évêques eurent de grands sceaux presque aussitôt que les rois. (Voy. plus loin, ch. VIII.)

d'interdire le droit de sceller à ceux qui ne justifieraient pas d'une possession ancienne[1].

Bientôt le torrent l'emporta, et ce ne fut plus seulement la noblesse qui revendiqua ce bienheureux droit, mais une foule de particuliers, d'établissements et d'institutions. La royauté, devenue plus avide ou plus besogneuse à partir de Philippe le Bel, se montra moins difficile; si bien qu'il se produisit ce qu'on avait vu autrefois dans l'empire romain : toutes les classes de la société furent admises à partager un privilège réservé primitivement au chef de l'État, puis aux grands vassaux, ainsi qu'aux papes et aux prélats. Une foule de bourgeois, d'artisans, de vilains, de corporations laïques ou ecclésiastiques en obtinrent la jouissance : de là l'énorme quantité de sceaux de toute espèce conservés dans nos archives, quantité assez considérable pour avoir suffi à renouveler autrefois l'art de la gravure sur métal et pour former aujourd'hui la base d'une branche importante de l'archéologie.

D'après les volumineuses tables dressées par MM. Douët d'Arcq et Demay, voici les catégories de personnes représentées sur la liste, encore bien incomplète, des propriétaires de sceaux officiels au moyen âge :

Rois, reines, princes et princesses; grands dignitaires de la couronne (connétables, maréchaux, chanceliers, chambriers, grands écuyers, échansons, bouteillers, panetiers, etc.); grands dignitaires des provinces (grands sénéchaux, amiraux, maréchaux, etc.); officiers

1. Archives nat., J 178, nº 40.

royaux (baillis, sénéchaux, prévôts, vicomtes, viguiers, lieutenants) ; officiers de justice (présidents, procureurs, juges, conseillers, avocats, notaires, tabellions, greffiers, sergents, huissiers); officiers de guerre (châtelains gouverneurs, capitaines, arbalétriers, archers, arquebusiers); officiers de finance (trésoriers, aides, élus, commissaires, receveurs, mesureurs, gardes des forêts); officiers de maison (clercs, maîtres d'hôtel, écuyers, fourriers, veneurs, gardes, valets, physiciens ou médecins, secrétaires, écrivains, messagers, cuisiniers, tailleurs, barbiers, concierges, *fous*); grands feudataires; avoués et vidames; seigneurs de tout ordre et de tout pays, chevaliers, écuyers.

Hommes de fief; maires, échevins, jurés, clercs de ville; bourgeois, francs hommes, hommes du commun, vavasseurs, manants, paysans.

Gens de métier : armoyeurs (fourbisseurs), barbiers, bouchers, *bourreaux*, brasseurs, marchands de briques, changeurs, charpentiers, chaufourniers, chaussetiers, cloutiers, cordonniers, corroyeurs, couvreurs, déchargeurs, drapiers, échoppiers, entailleurs, épiciers, écriniers, fèvres (charrons), fourniers, hôteliers, huchiers, laboureurs, lombards (droguistes), maçons, maîtres des œuvres (architectes), marchands de bois, marchands de grès, marchands de laines, marchands de lattes, marchands de vin, maréchaux, merciers, méronniers, messagers, meuliers, mires (médecins), orfèvres, paveurs, peintres, pelletiers, plombiers, poissonniers, potiers de terre, selliers, tanneurs, taverniers, teinturiers, tonneliers, tuiliers, verriers, etc.; corporations et confréries diverses.

Clergé : papes et cardinaux; archevêques et évêques; officiaux, archidiacres, doyens, chanceliers, chantres, écolâtres, prévôts, sacristains et trésoriers capitulaires, chanoines; curés, chapelains, simples clercs; membres des universités, professeurs de facultés et de collèges; abbés et abbesses, prieurs, moines, religieuses; directeurs et clercs d'hôpitaux, de maladreries, de confréries, etc.; pourvoyeurs et tabliers de la table des pauvres; dignitaires et membres des ordres militaires religieux.

C'est, on le voit, la société tout entière, depuis le premier échelon jusqu'au dernier. Qui croirait que, sous le règne des privilèges et de l'aristocratie, les cuisiniers, les fous des princes, les vilains, les manants ont pu transmettre à la postérité des parchemins scellés par eux, tout comme les grands seigneurs ? Ces petits bouts de cire attachés à l'expression de leurs volontés n'en disent-ils pas bien long sur l'état social de la nation?

Ne pouvant ou ne voulant plus restreindre le droit de sceau, le pouvoir royal entreprit du moins d'en réglementer la pratique. Tandis qu'auparavant il était facultatif d'en user lorsqu'on le possédait, et que la signature, le monogramme, ou même la simple croix qui les remplaçait quelquefois, suffisaient au besoin pour donner aux actes écrits toute l'authenticité désirable, le sceau devint, à partir du XIIe siècle, le mode principal et obligatoire de validation. Et ce n'est pas, comme on l'a dit, parce que la connaissance de l'écriture était moins répandue, car, au contraire, elle allait se propageant de plus en plus, et la grande majorité de la population, notamment les clercs et les religieux, savait écrire, à plus forte raison signer. C'est plutôt parce que la signature pouvait être facilement contrefaite par le premier venu, au lieu qu'une gravure sur métal demandait au moins à l'imitateur un certain temps et un talent spécial fort peu répandu. C'est aussi que le nouvel instrument offrait des avantages vivement appréciés : non seulement il reflétait le caractère et la figure même du signataire ou du rédacteur, mais il confirmait, avec l'origine authentique des actes, leur date véritable; et encore aujourd'hui la certitude de son âge, résultant à la fois du sujet reproduit sur la cire et des formules écrites sur le parchemin, constitue pour l'archéologue un secours inappréciable, trop rare dans le domaine des arts du dessin.

La disposition et la garde des sceaux royaux furent confiées à un fonctionnaire spécial, le grand chancelier, qui cependant ne devait les apposer que par l'ordre exprès du souverain, devant les grands officiers de la couronne ou en cour plénière, excepté pour les expéditions de peu d'importance. Les grands feudataires, les églises, les universités eurent aussi leur chancelier. Les maires, les prud'hommes furent chargés de garder les sceaux des villes et des communes. Pour ceux des particuliers, leur identité, leur personnalité durent être constatées par l'autorité judiciaire, ou au moins par le seigneur; cette formalité équivalait à celle que nous appelons la légalisation des signatures. Plus tard, on exigea d'autres garanties : l'apposition dut être faite devant plusieurs ecclésiastiques ou seigneurs, sinon publiquement. Les parties prenaient d'elles-mêmes des moyens originaux pour affirmer le caractère authentique des empreintes fixées au bas de leurs contrats : tantôt elles enfonçaient dans la cire la marque d'un de leurs doigts ; tantôt elles y inséraient, avant qu'elle ne fût sèche, des poils de barbe, des cheveux, ou quelque autre signe incontestable de leur présence et de leur consentement. Ces preuves corporelles, qui deviennent des reliques lorsqu'il s'agit de certains personnages, se sont quelquefois conservées jusqu'à nous. Ainsi la lettre adressée par Jeanne d'Arc aux habitants de Riom, et conservée dans les archives municipales de cette ville, porte encore, passé à travers le cachet, un cheveu noir pris sur sa tête : c'est même là le seul indice matériel qui nous révèle que l'héroïque fille était brune.

C'est qu'en effet des fraudes de plus d'un genre se glissaient dans la pratique journalière. Quelquefois on dérobait les matrices de métal pour valider par leur moyen des actes faux. En 1318, par exemple, des clercs excommuniés par l'archidiacre de Poissy attaquèrent en trahison et blessèrent mortellement le *sigillifer* de ce haut dignitaire ecclésiastique, lui arrachèrent le « scel aux causes » de son maître, et s'en servirent pour fabriquer des lettres d'absolution[1]. On devine jusqu'où pouvaient aller les conséquences d'un semblable méfait. Des faussaires plus malins détachaient adroitement les empreintes, qui pendaient à certains parchemins authentiques, pour les rattacher à d'autres qui ne l'étaient pas. C'est ce que fit, vers 1282, un

1. Registre du Parlement cité par Douët d'Arcq, *Coll. de sceaux*, p. XXXVI.

clerc du diocèse de Narbonne, auquel un procès fut intenté pour cette raison par l'official de Carcassonne. L'enquête ouverte contre lui nous apprend la manière dont ses pareils s'y prenaient : ils faisaient chauffer une lame de couteau très mince; puis ils la passaient avec précaution entre la cire et l'attache à laquelle elle adhérait, de façon que l'empreinte se décollât d'elle-même sans aucune altération, ils chauffaient légèrement celle-ci sur sa face postérieure, la recollaient sur une autre attache, et le tour était joué[1]. On n'a pas fait mieux dans les fameux cabinets noirs de certaine administration des postes.

Enfin, les malfaiteurs qui en avaient le moyen faisaient tout simplement graver des matrices métalliques à leur usage, aussi conformes que possible à celles dont ils avaient besoin. Ce procédé était d'une application plus difficile et plus rare: il exigeait la complicité d'un artiste. Mais aussi, lorsqu'il réussissait, il permettait de fabriquer autant de faux que l'on voulait... jusqu'à ce que la fraude fût découverte. Des lettres de noblesse, des lettres de rémission, des donations furent simulées par cet artifice. Il ne pouvait guère être employé que par certains officiers royaux ou seigneuriaux ayant la facilité de se procurer les modèles nécessaires; comme ce receveur de la ville d'Angoulême, qui se fit octroyer, en 1384, un acte d'absolution « pour avoir, dit le roi, fait faire et graver un scel en nostre palais, à Paris, pareil et semblable au nostre de a séneschaussée d'Angoulesme, sanz y faire faire aucune

1. Trésor des chartes, J 320, nº 77; Douët d'Arcq, *ibid.*

différence; pour lequel fait il fut incontinent pris et mis en noz prisons de nostre conciergerie dudit palais; et depuis fut délivré et mis hors desdictes prisons sans le sceu de nostre chancelier, par le congié du concierge qui lors y estoit, moyennant la somme de VI^{xx} livres parisis qu'il en paya audit concierge[1] ».

Celui-là dut s'estimer très heureux, car ces sortes de délits étaient toujours punis de châtiments exemplaires. Il n'y allait rien moins que la pendaison. Ernoul van den Damme fut pendu, en 1438, pour avoir contrefait le sceau du duché de Brabant. Cette rigueur était encore d'usage à la fin du XVIe siècle, car, en 1598, d'après les mémoires de Pierre de l'Estoile, un nommé du Bouchet, convaincu d'avoir falsifié le seing de Mgr de Gièvre, secrétaire d'Estat, subit le même supplice[2]. Aujourd'hui le code pénal condamne aux travaux forcés à perpétuité le contrefacteur du sceau de l'État. Eu égard à la différence des temps, la peine n'est pas moins forte.

Les papes se montraient sur ce point presque aussi rigides que les rois. Au XIe siècle, un orfèvre de Limoges, nommé Vitalis, avait aidé Humbaud, évêque de cette ville, agissant à l'instigation de l'archidiacre Hélie de Gimel, à confectionner de fausses lettres d'Urbain II en sa faveur : il lui avait fabriqué, à cet effet, des sceaux apostoliques parfaitement imités. La fraude fut reconnue par le pape lui-même, lors de son voyage à Limoges, en 1095. Sans avoir égard au rang

1. Trésor des chartes, JJ 26, p. 148; Douët d'Arcq, *ibid.*

2. De Laborde, *les Ducs de Bourgogne*, I, 1261, et *Coll. de sceaux*, préface, p. 9.

des coupables, il déposa immédiatement l'évêque et fit déclarer infâme le nom de Gimel. On ne sait quel fut le sort de l'orfèvre [1].

Lorsqu'une matrice officielle avait été volée ou contrefaite, on devait aussitôt la remplacer par une autre, d'un type différent, et déclarer la chose à la justice, afin de couper court aux abus qui en pouvaient résulter. De même lorsqu'elle se perdait, ce qui arrivait quelquefois. Cette précaution ne paraissait pas encore suffisante à certains tribunaux. Robert de Flandre, seigneur de Cassel, ayant eu le malheur de perdre son sceau, on força toutes les personnes qui avaient des contrats scellés par lui de venir les représenter, pour les faire revêtir d'une nouvelle empreinte. Le tabellionnage de la Marche, en Barrois, qui avait été victime d'un accident semblable au milieu des troubles de la guerre de Cent ans, reçut du roi René une matrice neuve, où, à la croix gravée au-dessus des deux barbeaux de l'écu de Bar, était substituée une fleur de lis. La ville de Bruges, dans une circonstance analogue, fut autorisée à remplacer par le lion de Flandre le pont qui avait été jusque-là son emblème [2].

Ces renouvellements avaient encore lieu toutes les fois que le possesseur mourait, surtout si c'était un prince, et toutes les fois qu'il ajoutait un titre, une seigneurie, un blason à ceux qui lui appartenaient déjà. Dans le premier cas, le sceau était déposé dans son cercueil, suivant l'antique usage; ou bien il était brisé,

1. Voy. Labbe, *Concil.*, II, 292.

2. Dehaisnes, *Histoire de l'art en Flandre*, p. 465; Lecoy de la Marche, *le Roi René*, I, 494.

fondu, tout au moins cancellé, c'est-à-dire barré à l'aide d'une lime, de façon à être entièrement défiguré, opération qui se faisait d'une manière solennelle, soit en public, soit devant une réunion de personnages importants, et qui se fait encore, du reste, en cour de Rome, à la mort de chaque pape. Cet objet étant l'emblème propre, mieux encore, la représentation de la personne, et souvent son portrait, l'héritier ou le successeur ne devait point s'en servir. Si on le conservait quelquefois, c'était uniquement afin de pouvoir vérifier, au besoin, l'authenticité des chartes concédées de son vivant. On le déposait alors en lieu sûr. Le sceau du roi défunt, par exemple, était régulièrement légué, à une certaine époque, aux religieuses du prieuré de la Saussaie, près Villejuif, qui se montraient fort jalouses de ce privilège[1]. Mais, dans les temps modernes, ces sages précautions paraissent avoir été négligées; car, après le décès d'Henri IV, s'il faut s'en rapporter aux mémoires de Sully, le chancelier put garder par devers lui l'instrument avec lequel il scellait les lettres patentes et en abuser pendant plus de cinq ans.

Comme exemple des modifications imposées aux princes ou aux particuliers qui changeaient d'état, on peut citer les sceaux de René d'Anjou, beau-frère de Charles VII. Tant qu'il fut simplement duc de Bar, comte de Guise et héritier présomptif du duc de Lorraine, il usa « d'un grand sceau équestre à ses armes, décoré des initiales R. Y. (René, Ysabel), surmontées d'une couronne portant au revers un écu écartelé d'Anjou

1. Douët d'Arcq, p. 34.

ancien et de Bar, avec l'écusson de Lorraine brochant sur le tout; ou bien d'un petit *scel secret*, représentant l'écu écartelé d'Anjou et de Bar, avec les armes de Lorraine posées en abîme sur le tout, écu penché,

FIG. 12. — SCEAU DE RENÉ D'ANJOU, ROI DE SICILE.
Type refait après son avènement. (1436).

timbré d'un heaume et supporté d'un côté par un lion, de l'autre par une aigle. Devenu roi de Sicile et duc d'Anjou, il se fit faire un sceau de majesté d'un dessin fort soigné, où il est figuré la couronne sur la tête, vêtu d'un manteau bordé d'orfroi, tenant le sceptre d'une main et le globe de l'autre, assis sur un trône à têtes de lion ; au fond est une draperie semée de fleurs de lis ; de chaque côté un écusson, l'un aux armes anciennes de Hongrie, l'autre portant en chef celles de Hongrie (modernes), d'Anjou-Sicile et de Jérusalem, en pointe celles d'Anjou, de Bar et de Lorraine[1]. » Plus tard, René acquit encore, nominalement du moins, la couronne d'Aragon : immédiatement il se fit fabriquer de nouveaux sceaux, où chacun de ses écussons est figuré, avec les armes d'Aragon posées sur le tout ; en revanche, la croix de Lorraine a disparu, parce que ce duché n'était plus alors en sa possession (Douët d'Arcq a cru à tort la reconnaître dans la croix de Jérusalem dessinée sur le contre-sceau), et les initiales J. R. (Jeanne, René) remplacent celles de René et d'Isabelle, comme la seconde épouse du prince remplaçait la première dans son cœur[2]. Du petit au grand, tout seigneur devait procéder ainsi en cas d'héritage, et la légende accompagnant le type devait être modifiée en conséquence.

Il arrivait aussi que l'empreinte de cire s'oblitérait ou se perdait. Tant qu'il en subsistait des fragments, l'acte qui les portait était considéré comme valide. C'est, du moins, ce qui résulte d'un trait charmant de saint Louis, rapporté par le sire de Joinville à l'honneur de son maître : « On peut voir la loyauté du roi dans le fait de Mgr Renaud de Trie, qui apporta au saint homme une charte, laquelle disait que le roi avait

1. *Le roi René*, I, 491 ; Coll. des Archives, nos 809-811 ; Demay, *Sceaux de la Flandre*, n° 46.

2. Coll. des Archives, nos 11,784 et 11,785.

donné aux héritiers de la comtesse de Boulogne, qui était morte nouvellement, le comté de Dammartin en Goële. Le sceau de la charte était brisé, de sorte qu'il n'y avait de reste que la moitié des jambes de l'image du sceau du roi, et l'escabeau sur quoi le roi tenait ses pieds. Et il nous le montra à tous qui étions de son conseil, et dit que nous l'aidassions à prendre un parti. Nous dîmes tous, sans nul désaccord, qu'il n'était tenu en rien de mettre la charte à exécution. Et alors il dit Jean Sarrasin, son chambellan, qu'il lui baillât la charte qu'il lui avait demandée. Quand il tint la charte, il nous dit : — Seigneurs, voici le sceau dont j'usais avant que j'allasse outre-mer, et on voit clairement par ce sceau que l'empreinte du sceau brisé est semblable au sceau entier; c'est pourquoi je n'oserais en bonne conscience retenir ledit comté. Et alors il appela Mgr Renaud de Trie, et lui dit : — Je vous rends le comté[1]. »

Cependant la scrupuleuse probité du saint roi pouvait ne pas être imitée par tout le monde. Aussi, par prudence, les intéressés faisaient-ils resceller leurs contrats en cas d'oblitération grave. Ils devaient, à cet effet, s'adresser au chancelier, qui examinait l'état de la pièce, principalement les traces ou les débris de l'empreinte, interrogeait des témoins ayant vu celle-ci dans son intégrité, et la faisait renouveler s'il y avait lieu. Quelques-uns prenaient d'avance la précaution de faire insérer dans l'acte une clause particulière, spécifiant qu'il demeurerait valable si la cire venait à se briser. Mais

1. Joinville, éd. et trad. de Wailly, nos 66, 67.

le plus sûr était de préserver soigneusement cette fragile matière de toute atteinte extérieure, et de là tant d'expédients ingénieux imaginés pour la maintenir intacte au bas des parchemins.

Un dernier usage à signaler ici, mais d'une application tout à fait exceptionnelle, c'est l'emprunt des sceaux d'autrui, lorsqu'on n'en possédait pas soi-même. Les témoins appelés à sceller les chartes avec les parties pouvaient ne pas être autorisés à avoir le leur ; les parties elles-mêmes pouvaient être dans ce cas, ou bien se trouver en voyage, loin de chez elles, sans avoir emporté ce lourd supplément de bagage. En pareille circonstance, on en était quitte pour demander à un parent, à un ami, à un personnage de marque, ou même à une juridiction voisine, le prêt de cet objet indispensable. C'est ainsi qu'on voit une mère sceller pour son fils, un oncle pour sa nièce, un seigneur pour son vassal, un curé pour un paysan de sa paroisse, un religieux pour plusieurs de ses frères, etc. Mieux que cela : la ratification du traité de Guérande, conclu en 1380, porte quatre fois la même empreinte ; c'est un des procureurs du duc de Bretagne qui, à la sollicitation de trois de ses écuyers, a scellé pour lui et pour chacun d'eux [1]. Dans les actes importants, de pareilles dérogations à la règle devaient être annoncées par une formule spéciale ; mais la plupart du temps, dans les derniers siècles du moyen âge, les scribes ou les notaires se dispensaient de cette peine. On voit par là combien la rigueur de la législation primitive, qui faisait du sceau un objet essentielle-

1. Archives nat., J 242, n° 57[6].

ment personnel et, pour ainsi dire, sacré, s'était relâchée dans la pratique, par suite de sa vulgarisation et du progrès des idées modernes, qui devaient lui ôter peu à peu toute sa valeur.

Tout ce qui vient d'être dit sur l'usage des sceaux en général s'applique principalement à ceux qui avaient un caractère légal, officiel, et à l'aide desquels la royauté notamment validait ses décisions. Mais le roi lui-même en possédait de moins solennels, qui s'appelaient d'ordinaire sceaux *de secret*, sceaux *manuels* ou *signets*, et dont le plus ancien est celui de Philippe le Bel. Ceux-là étaient usités de préférence pour les affaires privées; à partir de 1358, ils furent réservés pour les lettres closes, appelées depuis, pour ce motif, *lettres de cachet* : aussi étaient-ils d'une dimension bien moindre. Quelques princes, comme Philippe de Valois, eurent, en outre, un sceau à destination spéciale : le « sceau ordonné en l'absence du grand ». Il était surmonté d'une couronne et portait seulement trois fleurs de lis, tandis que les autres présentent des types de majesté, des types équestres, des types armoriaux et des types de fantaisie, que nous étudierons successivement. Il y avait encore des sceaux réservés pour certaines catégories de lettres, comme les sauf-conduits, qui avaient une si grande importance à une époque où la sûreté des chemins dépendait souvent du caprice de tel ou tel seigneur. Le terrible Gilles de Rais, le type du légendaire Barbe-Bleue, en possédait un qui dut

FIG. 13. SCEAU SECRET DE PHILIPPE LE BEL. Premier type du genre (1312).

plus d'une fois faciliter la perpétration de ses attentats ou assurer la sécurité de ses complices. Dans l'inscription même dont il est revêtu, il est appelé *seel pour sauf-conduit de Gilles, sire de Reys et de Pousauges ;* et ces mots insignifiants ne se lisent pas sans un léger frisson, lorsqu'on songe aux odieuses machinations qu'ils ont pu recouvrir[1].

FIG. 14. — SCEAU DE GILLES DE RAIS (BARBE-BLEUE).
Sceau spécial pour sauf-conduits (vers 1430).

On distingue aussi du sceau, pris en général, ce qu'on nomme le *sous-sceau;* c'est un cachet plus petit, apposé quelquefois au-dessous du premier, comme pour en confirmer l'authenticité, et qui n'est habituellement qu'un signet; certains actes sont même revêtus de deux sous-sceaux. Quant au *contre-sceau,* c'est simplement le revers du sceau, revers inauguré en France par la chancellerie de Louis le Jeune, dans le but d'empêcher les faussaires d'entamer impunément la cire par derrière, pour détacher l'empreinte du parchemin. *Sum custos et testis sigilli*, fait dire à son contre-sceau un évêque de Winchester. Cette imitation du côté *pile* des mon-

1. Voy. la *Revue archéologique*, an. 1857, p. 729.

naies s'étend ordinairement sur une surface moins grande que le côté *face*. Les rois et les seigneurs l'utilisaient, soit pour compléter les représentations et les légendes gravées sur l'avers, soit pour reproduire leur portrait ou les emblèmes de leur dignité sous une forme différente : ainsi, derrière un type de majesté, l'on trouve presque toujours le type équestre du même personnage. La *bulle* est plutôt une forme d'empreinte qu'une espèce particulière ; il en sera parlé plus loin.

Enfin, au moyen âge comme chez les Romains, on avait l'habitude de sceller les coffrets, les bourses, les pièces d'étoffe, etc. L'empreinte appliquée sur ces dernières était l'attestation du contrôle exercé par les vérificateurs du corps de métier, plus rarement une marque de fabrique. Ce genre de sceaux appelé *sigilla pannorum*, était fait par des graveurs spéciaux[1]. Pour les bourses ou les trésors, on a un exemple curieux de ce mode de fermeture dans une jolie anecdote du XIIIe siècle, que j'ai racontée ailleurs tout au long, d'après un sermon inédit. Un marchand, revenant des foires, avait serré tout son gain, sous la forme d'un lingot d'or, dans une *gourle* ou gibecière soigneusement close à l'aide d'un loquet et d'un scel. Mais, étant venu faire ses oraisons à Notre-Dame d'Amiens, il se laissa si bien absorber par la méditation, ou plutôt par une distraction malencontreuse, qu'il oublia son précieux fardeau, « et s'en alla, et ne s'en donna garde ». Fort heureusement, la bourse avec son contenu fut trouvée par un honnête

1. M. de Laborde en a cité un dans son livre sur *les Ducs de Bourgogne*, t. Ier p. 81.

bourgeois, qui commença par l'emporter dans son logis, et fit ensuite écrire sur sa porte que celui qui l'avait perdue eût à s'adresser à lui. Le marchand, qui était retourné inutilement à l'église et qui errait comme une âme en peine par la ville, leva les yeux sur l'écriteau et entra. Interrogé, il donna la description du scel, et, l'identité de celui-ci ayant été reconnue, il rentra aussitôt en possession de son bien. Mais le plus piquant de l'aventure, c'est que, saisi d'admiration pour la conduite loyale et prudente de ce bon bourgeois, il voulut lui laisser son trésor à titre de récompense : on fut obligé de le lui faire emporter de force[1].

Bien que ces sceaux, qui n'en sont pas, puissent donner lieu à des observations intéressantes, je les négligerai pour me borner à l'étude des véritables, c'est-à-dire de ceux qui se rencontrent sur les documents écrits ; mais, avant de considérer les sujets qu'ils représentent, je dirai un mot de leur façon et de la manière dont on les apposait.

1. Voy. *la Chaire française au moyen âge*, 2e édition, p. 413 et suiv.

CHAPITRE III

LES MATRICES

Nature des matrices primitives. — Debuts de la gravure sigillaire. — Métaux employés. — Dimensions et formes des matrices métalliques. — Chaînes et poignées. — Moyens de reconnaître les matrices fausses. — Travail du *tailleur de sceaux*. — Progrès et développement de cet art spécial. — Ses principaux centres en France et à l'étranger.

Le mot sceau s'applique à la fois, dans l'usage, au coin de métal qui représente le moule ou la planche de la gravure, à l'empreinte de cire qui représente la gravure elle-même, et, en outre, à toute reproduction en relief de cette dernière. Mais, dans un traité spécial, il importe, si l'on veut éviter la confusion, de distinguer ces trois formes, ou ces trois conditions d'un même objet, par des dénominations propres. J'attribuerai donc à la première le nom de *matrice*, qui est reçu depuis longtemps; je laisserai à la seconde le nom d'*empreinte*, et à la troisième celui de *moulage*, usité dans les ateliers. Cette terminologie me paraît plus claire que celle qu'a proposée le savant marquis de Laborde, qui, en gardant pour l'empreinte seule le nom vague de sceau, conservait une source de malentendus. Ce mot doit rester l'appellation commune et générique des divers états sous lesquels se présente l'instrument de validation des actes.

Donc, après avoir envisagé l'emploi du sceau en général, nous avons à étudier, en premier lieu, la matrice, qui est l'original de ce petit monument artistique.

Tant que cet objet ne fut autre chose qu'un anneau, la matrice fut naturellement la pierre fine enchâssée dans cet anneau ou le petit plat de métal tenant la place de la pierre. Ce plat de métal était quelquefois ménagé dans le corps de la bague, mais plus fréquemment rapporté et fixé dans le chaton, comme on le voit sur les cachets des princes mérovingiens. Il était de même matière que le reste de l'anneau, c'est-à-dire en or, en argent, en bronze ou en cuivre, et de forme ronde ou ovale. Cependant, sur une bague du ve siècle provenant de Mulsanne, le champ de métal gravé est taillé en carré[1]. C'est là, il est vrai, une alliance plutôt qu'un cachet, à en juger par le sujet représenté : un guerrier et une femme vêtus du costume gaulois, dont les noms sont inscrits sur la tranche du chaton; néanmoins, ce sujet étant gravé en creux, on a dû s'en servir pour produire des empreintes.

Ces matrices réduites n'offrent souvent qu'une inscription ou un monogramme, tant leur surface était restreinte et l'art de la gravure en décadence. L'anneau

1. Collection Hucher, n° 1. Reproduit dans *le Bulletin monumental* de M. de Caumont.

de bronze découvert à Allonnes porte simplement le nom propre LAUNOBERGA, disposé autour d'une croix à bras égaux, cantonnée de quatre points pareils à ceux des pièces d'or mérovingiennes. La bague d'argent de Haulchin n'a même absolument que le nom de WABVETUSUS, sans dessin d'aucune sorte. Celle qu'on a trouvé en Touraine, et où se lit, sur deux lignes, le mot LEUBACIUS, est également dépourvue de tout sujet. Sur une autre, on voit un monogramme enfermé dans un petit encadrement au trait, pareil à celui qui entoure l'effigie de Childéric II sur une de ses monnaies, puis, en guise de légende, la traduction de ce monogramme : BERTEILDIS[1]. Du reste, l'imitation des monnaies est visible dans tous ces essais de gravure de l'époque mérovingienne. Le sceau de Dagobert est même la reproduction exacte des sols contemporains, et celui de Childéric I rappelle d'une manière frappante les pièces d'or impériales. Ce défaut d'invention des graveurs, joint au caractère hésitant de leur dessin ou de leur écriture et au

FIG. 15.
ANNEAU DE LAUNOBERGA.
Chaton (v^e-VIIe siècle).

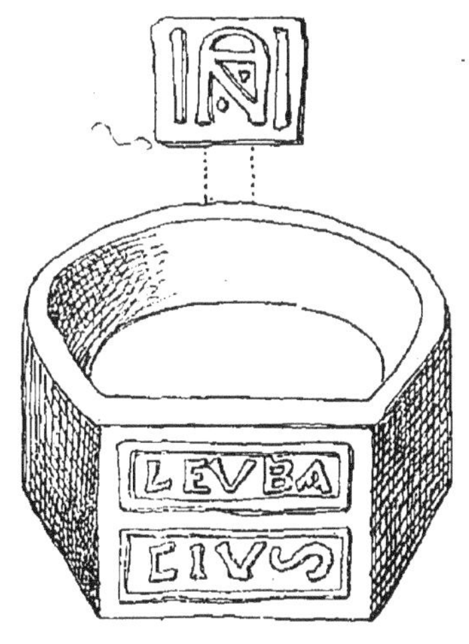

FIG. 16.
ANNEAU DE LEUBACIUS
(v^e-VIIe siècle.)

1. Le Blant, *Inscriptions*, n°s 321 ^d, 669 ^a, 672^a, 678^a.

peu de profondeur des creux pratiqués dans le métal, qui est parfois à peine entamé, atteste encore l'état de stagnation et d'infériorité où leur art était tombé.

Les artistes carlovingiens ne devaient point le relever : la mode des pierres antiques n'était pas faite pour exercer leur talent, et celle des anneaux sigillaires, persévérant toujours, enfermait leur imagination dans un champ beaucoup trop restreint. Ils continuaient d'y tracer les noms des propriétaires : Hermentrude, femme de Charles le Chauve, avait elle-même une bague ainsi gravée à son nom, qu'elle donna à l'église Saint-Gervais de Paris. Mais le peu de figures qu'ils reproduisirent ne dénote pas un perfectionnement bien sensible : le sceau métallique de Pépin le Bref, dont on ne peut, du reste, juger en parfaite connaissance de cause, car il est en partie fruste, a encore un caractère assez barbare, ainsi que ceux de ses premiers successeurs[1]. Cependant, vers la fin du IXe siècle, on voit les chatons s'agrandir et le dessin gagner en pureté comme en étendue. Les matières et les formes demeurent les mêmes; mais les dimensions augmentent peu à peu. Le métal commence à être intaillé plus finement, et surtout plus profondément, car les reliefs des empreintes deviennent plus accentués. Certains sceaux de Charles le Chauve, imitant les bustes laurés des empereurs romains, ont même assez de netteté, assez de vigueur de touche pour évoquer, au premier coup d'œil, le souvenir des médailles antiques[2]. En un mot, la transformation

1. Coll. des Archives, nº 11.
2. *Ibid.*, nºs 23, 25. Voy. plus loin, fig. 34, 35, 38.

s'opère lentement, et un art nouveau se fait pressentir.

Le jour où l'anneau cède enfin la place au *sigillum*, cet art apparaît. La gravure des sceaux prend véritablement naissance aux environs de l'an 1000, à ce moment mystérieux et fécond où tout le mouvement artistique du moyen âge a sa source bien marquée. Le moine Théophile, en écrivant son fameux traité (*Diversarum artium schedula*), ne s'occupe pas d'elle d'une façon expresse : c'est une preuve qu'elle n'est qu'à ses débuts, que la mode des grands sceaux n'a pas envahi toute la noblesse, et que leur fabrication ne constitue pas encore une spécialité. Cependant il parle d'un travail d'orfèvrerie fait *in similitudine sigillorum*; ce qui indique, au moins, que la façon des matrices de métal commence à entrer dans la pratique. Déjà, en effet, les orfèvres du roi en exécutent de très soignées, sortant complètement des données suivies jusque-là, et, à part

FIG. 17.
MATRICE EN ARGENT DU SCEAU DE CONSTANCE DE CASTILLE, REINE DE FRANCE.
(1154-1160.)

la qualité de la gravure, qui ira se perfectionnant de plus en plus, les conditions matérielles de ce genre d'ouvrage sont à peu près fixées.

Le métal employé pour ces nouveaux types n'est

FIG. 18. — MATRICE EN ARGENT DU SCEAU DE L'ABBAYE DE SAINT-DENIS. Avec chaîne et contre-sceau (XIIe siècle).

plus habituellement l'or ni l'argent : il en faudrait une trop grande quantité. C'est presque toujours le bronze, le cuivre ou le fer. Cependant les princes, les très hauts personnages, les riches abbayes se font quelquefois fabriquer des matrices en métal précieux. La reine Constance, deuxième femme de Louis VII, en donne l'exemple une des premières. Son superbe sceau en argent, trouvé dans son tombeau au moment de la violation des sépultures royales de Saint-Denis et conservé au Cabinet des médailles, atteste à la fois son bon goût et le talent des artistes de son temps, assez habiles déjà pour graver sur cette matière un véritable portrait en pied. L'abbaye de Saint-Denis, dès la même époque, s'offre également ce luxe royal, comme en témoigne un très curieux objet d'art faisant partie de la même collection. L'or semble s'introduire un peu plus tard dans les matrices des sceaux princiers et demeure toujours plus rare. Une quittance des religieuses de la Saussaie, près Villejuif, et l'inventaire des meubles de Charles V nous parlent de signets d'or ayant appartenu à ce prince[1]; mais il faut se rappeler que le signet était d'une dimension très exiguë. Quant au grand sceau mentionné dans le même inventaire, il était en argent. Les ducs de Bourgogne, qui avaient des habitudes somptueuses, étaient à peu près les seuls à user de matrices en or. Celle dont se servait Charles le Téméraire, après avoir été ramassée sur le champ de bataille de Granson, est devenue l'une des curiosités du musée de Berne.

Tout à fait par exception, on a employé l'ivoire : Foulques, évêque d'Amiens, a été figuré sur les deux faces d'un ivoire du XIe siècle dont l'empreinte établit

1. Demay, *le Costume d'après les sceaux*, p. 56; Douët d'Arcq, p. XXXVII.

suffisamment la destination[1]. Mais, en revanche, on voit des princes souverains, des archiducs d'Autriche, des infantes d'Espagne, se contenter de l'étain ou de l'acier. Les bulles de plomb appendues au bas de certains actes, et notamment des lettres pontificales, au lieu d'empreintes de cire, proviennent d'une matrice en acier trempé, avec laquelle on frappait le métal à froid.

La dimension des matrices métalliques semble avoir été proportionnée au rang de leur propriétaire. Chez les rois capétiens, elle est d'abord de 70 millimètres ; puis elle augmente peu à peu et finit par atteindre, sous Henri II, 115 millimètres. Chez les rois d'Angleterre, elle arrive, sous Élisabeth, jusqu'à 145, et, sous la reine Anne, jusqu'à 177 ; mais, là, ce n'est plus qu'une affaire d'ostentation. Le diamètre des sceaux des seigneurs demeure toujours très inférieur ; toutefois, il suit aussi une marche ascendante. Il est généralement basé sur les règles de la hiérarchie féodale; mais ce fait est démenti par trop d'exceptions pour pouvoir être érigé en règle absolue.

Venons maintenant à la forme des sceaux.

La plaque de métal destinée à s'imprimer sur la cire est le plus souvent ronde. Mais, à l'époque où l'arc brisé, improprement appelé l'*ogive*, entre victorieusement dans l'architecture religieuse, c'est-à-dire au XIIe siècle, la forme ogivale est adoptée pour tous les sceaux du clergé, et aussi pour une certaine catégorie de sceaux féminins, ceux qui représentent des dames debout; c'est le cas pour celui de la reine Constance,

1. Demay, *ibid.*, p. 60.

dont je viens de parler tout à l'heure. A la vérité, celui du roi Robert offre une configuration à peu près semblable; cependant le dessin de l'ogive est moins prononcé. D'ailleurs ce premier type de majesté n'était, nous l'avons vu, qu'une sorte d'essai ou de tâtonnement, qui ne devait pas durer. Quelques seigneurs préférèrent seuls cette forme particulière, apparemment pour ne pas faire comme les autres; mais, dans l'usage général, elle fut restreinte aux catégories de personnes que je viens de désigner. On peut la définir géométriquement en disant qu'elle est le résultat de la double intersection de deux circonférences égales. En d'autres termes, elle représente un ovale dont les deux extrémités sont plus ou moins pointues. Cette pointe s'accentue à mesure que le style gothique s'élance et que ses arcs deviennent plus aigus. Puis, aux approches de la Renaissance, on revient, au contraire, à l'ovale pur, par suite de l'abandon général des traditions et des goûts du moyen âge.

A côté de ces formes régulières, on trouve différentes formes de fantaisie, rectangulaires, carrées, festonnées, en losange, en écu, en étoile, en trèfle, en poire; mais elles sont toujours l'exception, sauf, dans certaines provinces aux habitudes particulières, comme la Normandie, où aucune règle fixe n'est observée. Des dispositions plus curieuses encore sont quelquefois adoptées. Ainsi le sceau de Raimond de Montdragon, que l'on peut voir aussi au Cabinet des médailles, est composé de deux plaques de bronze se fermant l'une sur l'autre et rattachées ensemble à peu près comme les deux parties d'une coquille double, par le moyen d'une

FIG. 19. — MATRICE EN BRONZE
DU DOUBLE SCEAU DE RAIMOND DE MONTDRAGON (XI.e siècle).

espèce de charnière. Sur l'une est gravé le sceau proprement dit, sur l'autre le contre-sceau. Le premier se trouve ainsi inséparable du second, ce qui est probablement le but que s'est proposé l'artiste. Peut-être aussi ce modèle particulier procurait-il la facilité de graver à la fois sur la cire molle les deux faces du sceau, comme l'on moule une gaufre.

Plus fréquemment, pour réunir ces doubles matrices, on les a reliées par une chaîne de métal pareil. C'est ce qu'a fait notamment l'abbaye de Saint-Denis pour son grand sceau d'argent[1]. La chaîne, ici, est d'un travail simple, quoique assez élégant ; ses attaches sont particulièrement soignées. Mais, au XIVe siècle, on en fabriqua de beaucoup plus riches pour les signets royaux, et celles-ci servaient plutôt à maintenir à une place fixe ces petits bijoux portatifs, si faciles à enlever ou à perdre ; elles sont la première forme des chaînes employées dans les temps modernes pour suspendre les cachets. Au reste, les chaînes des grands sceaux eux-mêmes ont dû avoir plus d'une fois une destination analogue; car on les trouve mentionnées dans des articles de comptes qui ne parlent pas d'une matrice double, et dans ce cas leur but ne pouvait être de relier ensemble le sceau et le contre-sceau. Ces comptes nous apprennent en même temps que leur utilité n'était pas seulement appréciée par les princes, et que leur façon ou leur entretien était assez chèrement payé aux orfèvres qui s'en chargeaient[2].

1. Voy. ci-dessus, fig 18.
2. « A Jaque du Bos, orfèvre, pour deux kaynes d'argent aux-

Les plaques de métal qui ont reçu la gravure sont toujours épaisses. Il fallait, en effet, qu'elles pussent supporter une taille assez profonde; car certaines empreintes présentent à l'œil des reliefs étonnants, qui supposent des creux en proportion. C'est ce qui ajoute à la puissance de leurs effets comme au mérite du graveur. Quelquefois celui-ci a produit une saillie encore plus forte en taillant le bord de la matrice en biseau, de façon que l'empreinte forme une espèce de cuvette et que le sujet gravé se trouve mieux protégé contre les dégradations. Dans ce cas, le métal devait avoir une épaisseur double. Mais ce procédé offrait de graves inconvénients : il rendait plus difficiles l'impression du moule sur la cire et la lecture des caractères tracés sur les bords, qui se trouvaient ainsi sur un plan presque perpendiculaire. Aussi y renonça-t-on de bonne heure, et n'y recourut-on guère qu'au XIIe siècle.

La plupart des matrices étaient, en outre, munies d'une espèce d'anse ou de poignée, permettant de l'appuyer fortement sur le parchemin; cet appendice leur donnait une vague ressemblance avec un petit fer à repasser. La poignée pouvait être remplacée par un manche de bois dans le genre de celui de nos cachets, enfoncé dans une douille et percé à son extrémité d'un trou pour passer une chaîne ou un cordon. Ces divers

quelle sont ataqués les seaulx as causes et as cognoissances de la dicte ville de Lille, rabatu le viese kayne rompue à quoy les dits seaulx estoient paravant attaquiés .... XVI l. III s.

« Au dit Jaque, pour le fachon des dites kaynes........ C s. » (Dehaisnes, *Documents concernant l'histoire de l'art*, p. 730.)

Cf., *ibid.*, p. 467; de Laborde, *les Ducs de Bourgogne*, n°s 498, 6024, etc.

appendices ont généralement disparu. Au reste, les matrices elles-mêmes se sont conservées en nombre infiniment moins grand que les empreintes, et, si nous

FIG. 20. — MATRICE EN ARGENT DU SCEAU DES ÉTATS DE BRETAGNE,
Avec chaîne et contre-sceau (XVIe siècle).

avions été réduits à leurs secours pour apprécier les monuments artistiques de cette classe, il eût fallu renoncer à établir les bases de la sigillographie. Les Archives nationales n'en possèdent elles-mêmes que trois cent cinquante environ ; le Cabinet des médailles en a à peu près autant; les musées de province et les collections privées arrivent à peine, ensemble, au total de ces deux chiffres.

Enfin, certaines matrices auxquelles s'attachait une importance particulière étaient renfermées dans des coffrets précieux, ayant eux-mêmes un caractère artistique. Un très petit nombre de ces coffrets est arrivé jus-

FIG. 21. — COFFRET EN ARGENT RENFERMANT LE SCEAU DES ÉTATS DE BRETAGNE.
(XVIe siècle).

qu'à nous. Le plus remarquable est celui qui provient des anciens États de Bretagne. Il est encore joint au double sceau et à la chaîne d'argent pour lesquels il a été fait. Sa disposition intérieure nous donne à peu près l'idée de la manière dont ils y étaient placés, et ses ornements extérieurs attestent le respect avec lequel on traitait ces symboles officiels de la représentation nationale. Dans certaines chancelleries, le coffret était remplacé par une simple bourse d'étoffe, que l'on gardait, avec son contenu, dans le lieu le plus honorable des archives[1].

Toutes ces particularités permettent de distinguer assez facilement une matrice authentique d'une fausse. L'industrie moderne s'est avisée, en effet, d'imiter cet objet d'art si rare et si recherché, et les collectionneurs, les conservateurs de musées se sont laissés prendre plus d'une fois au piège. Le docte Mabillon a lui-même accepté et reproduit dans son traité *De re diplomaticâ* un sceau de Hugues Capet évidemment fabriqué à une date récente. La fraude est surtout aisée à reconnaître si le faux moule a été obtenu au moyen d'une empreinte de cire ou de son moulage; car alors les défauts de cette empreinte, dont les reliefs ont dû subir une dépression, une altération quelconque, se trouvent reproduits fatalement dans le surmoulé métallique. Lorsque le contrefacteur, au contraire, a reproduit directement une matrice originale, il faut un peu plus d'attention pour découvrir la supercherie. Il y a cependant des moyens de contrôle infaillibles.

« D'abord, comme l'a dit Boutaric, ces matrices fausses sont fondues, tandis que les vraies sont gravées : il en résulte que les imitations ont des arêtes moins vives. En outre, il est rare que les matrices fondues ne présentent pas quelques bouillons, surtout dans l'intervalle des lettres des légendes. Sur le dos de la matrice on remarque des coups de lime tout frais,

1. Voy. *le Roi René*, I, 534.

qui achèvent la démonstration. L'art des faussaires a su diminuer les difficultés de l'imitation en employant la galvanoplastie. Mais la densité des matrices obtenues par ce procédé étant moindre que celle des objets fondus, un certain *facies* qui ne trompe pas les connaisseurs révèle la fraude... Il faut donc voir s'il n'y a pas de bouillons ni de coups de lime récents, si le grain du métal est serré, si le bronze offre cet aspect de vétusté que les agents chimiques ne peuvent qu'imparfaitement imiter. Dans les fausses matrices, enfin, la patine artificielle est terne ; quelquefois les parties lisses ont été frottées, et leur éclat contraste avec la couleur sombre des parties fouillées[1]. »

Ajoutons avec Demay que, le métal fondu subissant un retrait en se refroidissant, la matrice fabriquée par ce procédé se trouvera forcément un peu plus petite que le modèle ; ce qui, dans le cas ou l'on pourrait la comparer avec une empreinte en cire de l'original, fournirait encore un moyen de reconnaissance[2].

Il ne semble pas, d'ailleurs, que le coup de burin des anciens graveurs puisse être jamais parfaitement imité ; et plus le travail est primitif, plus peut-être la difficulté est grande. En effet, la gravure des sceaux, quoique timide à son début, a déjà un caractère *sui generis* qui fait présager ses hautes destinées. Elle est raide et conventionnelle, comme la miniature du temps ; mais elle se perfectionne plus vite, et, si certains détails d'ornementation, si les dais gothiques, si les fonds

1. *Revue archéologique*, an. 1861, p. 169.
2. Demay, *op. cit.*, p. 68.

guillochés s'introduisent chez elle en même temps que dans les peintures sur vélin, la figure, le portrait y apparaissent beaucoup plus tôt, puisqu'ils sont la raison d'être de la nouvelle invention. Le sceau, nous l'avons vu, est essentiellement la représentation de la personne, et c'est ce qui fait l'étonnante variété de cette classe de monuments; c'est ce qui fait sa supériorité sur les monnaies, qui ne reproduisent qu'un type unique, uniforme, immobile, tandis qu'il reflète, lui, toutes les transformations des arts et des mœurs, en donnant la date précise de chacune d'elles; c'est ce qui fait, enfin, la rapidité des progrès que l'on constate dans son exécution, car les graveurs se trouvèrent tout de suite obligés de copier la nature vivante, et l'observation de la nature est la mère de l'art véritable.

Ces progrès, dont nous aurons la preuve en étudiant plus loin les sujets traités, sont très sensibles dès la fin du XIe siècle. Et ils ne se dénotent pas seulement dans les sceaux des rois : M. Dehaisnes a signalé, aux Archives départementales du Nord, un type équestre datant de 1076, et appartenant à Robert le Frison, où le cavalier, le cheval, les ornements sont dessinés avec une finesse qui semble empruntée aux camées antiques[1]. On pourrait observer sur beaucoup d'autres cette tendance à ressusciter les saines traditions. Elle ne fera que s'affirmer par la suite, à tel point que, suivant la remarque du marquis de Laborde, la gravure des sceaux atteindra presque, au XIIIe siècle, la grande facture des intailles si nettes et des médailles si pures que les anciens nous

1. *Histoire de l'art en Flandre*, p. 48.

ont léguées. Le métal sera fouillé profondément ; les fonds, les hachures seront enlevés avec autant de hardiesse que de légèreté. Aux XIVe et XVe siècles, la richesse, le mouvement s'ajouteront aux qualités de l'âge précédent. Rien de plus somptueux que la représentation, j'allais dire la statue équestre du duc de Bourgogne Philippe le Hardi ; rien de plus vivant que celle de son arrière-petit-fils Charles le Téméraire[1]. Au milieu du moyen âge, l'orfèvrerie est, comme l'on sait, une des branches de l'art les plus brillantes et les plus avancées. Or ce sont les meilleurs orfèvres qui sont chargés de la fabrication des matrices métalliques, et ceux qui s'en occupent plus particulièrement finissent par former, dans leur corporation, une catégorie distincte : ils prennent le nom de *tailleurs de sceaux (tailliatores,* et quelquefois *sculptores, gravatores, incisores sigillorum).* Leur industrie est devenue tout à fait une spécialité. Toutes les parties de l'ouvrage leur passent par les mains : ils dessinent leur modèle, ils fondent le métal, ils le creusent, ils le repoussent, ils le cisèlent au besoin; car ils exécutent parfois, pour remplacer les empreintes de cire, des bulles d'or ou d'argent élégamment travaillées, comme celle qui sera mise un peu plus tard au bas du traité de Boulogne par Henri VIII d'Angleterre. Ils font, en un mot, tout ce que les plus célèbres orfèvres d'Italie, venus longtemps après eux, ont fait avec des ressources moins bornées et des instruments bien supérieurs.

Malheureusement, nous sommes dans l'impuissance

1. Voy. ci-après, fig. 82, 83.

absolue de rendre hommage au mérite individuel de ces artistes consommés. Leur vie, leur part de travail sont recouvertes d'un voile épais, comme pour la plupart de leurs confrères du moyen âge. Leur nom même est ignoré, sauf pour quelques favorisés dont les comptes ou les inventaires nous ont conservé la trace ; encore faut-il aller chercher ces vestiges insignifiants sous la poussière des archives et des bibliothèques, car bien peu, jusqu'à présent, ont été mis au grand jour par le zèle des archéologues. On possède cependant des données suffisantes pour reconnaître les principaux centres où se développa cet art original et pour se rendre compte du prix attaché à ses productions par les contemporains.

Les ateliers les plus renommés étaient ceux de Paris. Cela devait être, et pour deux raisons : le talent des orfèvres parisiens passait alors pour être supérieur à celui de tous les autres, et, en outre, la création des grands sceaux métalliques, ou du moins l'initiative de cette création était due, selon toute apparence, aux rois de France, fixés dans cette ville. Non seulement ces princes et leurs grands vassaux avaient à leur service les plus habiles spécialistes et en profitaient pour eux-mêmes; mais ces artistes avaient pour tributaires les souverains ou les seigneurs des pays voisins, même de ceux où les arts étaient le plus heureusement cultivés. En 1361, on voit le comte de Flandre faire exécuter son scel secret par Jean de Vaux, graveur à Paris. Le duc de Bourgogne, Philippe le Hardi, recourt au talent de Jean de Nogent, également graveur à Paris, et lui commande plusieurs sceaux. Jean Fovet, désigné encore avec cette qualité, en fabrique, vers la même époque, vingt et un grands et vingt-trois petits pour les bailliages du comté de Bourgogne; il reçoit cent francs pour sa peine. Pierre Blondel, orfèvre, et Jean du Boys, tailleur de sceaux, tous deux Parisiens, gravent ensemble, en 1394, ceux des « grands jours » du duc d'Orléans[1]. Arnoul de Boemel, leur confrère, en fait autant en 1404 et travaille à la fois pour le bailliage de Soissons, pour celui de Coucy, pour les tabellionnages de Soissons et de Ham : la façon et le métal de trois sceaux d'argent, avec chaînes et contre-sceaux, plus deux sceaux doublés de laiton, lui est payée 60 livres tournois[2]. Et que d'œuvres d'art sont sorties des mains de ces obscurs ouvriers de la capitale, qui ont eu de tout temps le privilège du bon goût, sans qu'on en puisse établir l'identité ni démontrer l'origine!

Toute la France du nord paraît, du reste, avoir eu dans cette branche de l'art une supériorité marquée sur les autres régions. A l'exception de la Normandie, plus déshéritée ou plus indifférente, les provinces situées dans l'orbite de Paris nous ont légué une quantité d'empreintes où se révèlent de vrais talents. C'est surtout en remontant vers les pays flamands qu'on rencontre des ateliers dignes de rivaliser avec ceux de la grande ville. Arras en possédait un. C'est là que Mahaut, comtesse d'Artois, petite-fille de saint Louis, fit faire son grand sceau d'argent, d'une exécution soignée, qui fut payé, avec celui de son mari, 20 livres pour la fa-

1. Dehaisnes, *op. cit.*, p. 466, 467, 608.
2. De Laborde, *les Ducs de Bourgogne*, n° 6024.

çon, 12 livres et 18 sols pour le métal; là que le comte de Nevers, en 1387, commanda à un orfèvre nommé Colin Lours une matrice plus précieuse encore, attachée avec une chaîne d'or. A Maubeuge, un artiste appelé Simon, qui exécuta une tablette de plomb pour la tombe du roi Jean, exerçait avec succès, en 1326, la profession de *gravator sigillorum.* Trois de ses confrères de Tournai, portant un même nom (Jean *Lathomi,* Jean de Tournai, Jean le Saieleur ou le Scelleur) sont portés à la fois, pour divers travaux, sur les comptes des rois de France, des comtes de Hainaut et des comtes de Flandre. Ces derniers firent encore travailler, dans la même ville, Ghislain Le Carpentier, dont l'ouvrage, conservé aux archives de Lille sous la forme d'épreuve en cire, est remarquable par sa finesse et son élégance [1]. Au reste, ils avaient en Flandre même, ainsi que les ducs de Bourgogne qui leur succédèrent dans cette contrée, des spécialistes émérites, tels que les Arnoul Clotin, les Jean de Helle, les Thierri van Staveren, signalés par le marquis de Laborde. Thierri était garde de la monnaie ducale et s'occupait sans doute aussi de la frappe des espèces. Il lui fut alloué, en 1418, une somme de 216 livres 7 sols « pour or et façon du scel de secret et d'un signet d'or à signer lettres closes, pesans, avec chaînes, 1 marc 3 onces 6 esterlins », et gravés aux noms et armes du duc son seigneur [2]. L'habileté de tous ces ouvriers flamands est

1. Voy. Dehaisnes, *op. cit.*, p. 450, 464, 466, 467; de Laborde, *Émaux du Louvre,* glossaire, au mot SCEL.

2. De Laborde, *les Ducs de Bourgogne*, n° 498 et tables.

suffisamment attestée par les milliers d'empreintes recueillies dans leur pays par Demay[1].

Les provinces méridionales étaient généralement moins avancées dans cette branche de l'art. Cependant il y eut en Provence, à un certain moment, une école assez florissante. C'était sous le bon roi René, ce Mécène intelligent, cet amateur passionné, qui, dans tous ses domaines, donna une impulsion nouvelle aux travaux artistiques. Il protégea notamment toute une dynastie d'orfèvres provençaux du nom de Raoulin. Charlot Raoulin, qui faisait des bijoux pour la reine de Sicile et ses dames d'honneur, exécuta pour lui les sceaux d'argent du Croissant, son nouvel ordre de chevalerie; mais il fut obligé de recommencer le plus grand, celui qui représentait saint Maurice, parce qu'il y avait gravé en français une devise qui devait être en latin. Antoine Raoulin, fils du précédent, travailla également pour René, ainsi qu'un autre membre de la famille appelé Guillemin ou Guillaume : le premier avait le titre de joaillier du roi de Sicile, et tous étaient largement rémunérés. Le prince les aimait et se plaisait à « deviser » avec eux, c'est-à-dire à leur expliquer ses intentions et à diriger leur travail, comme il faisait avec ses peintres et ses sculpteurs, ce qui lui a fait attribuer personnellement plus d'un ouvrage dû à ses artistes. Il est fort possible qu'il ait ainsi collaboré à la façon de ses propres sceaux, qui sont d'un très beau caractère. Sa seconde femme, la reine Jeanne de Laval,

1. Voy. aussi l'étude publiée par M. Pinchart sur les graveurs de médailles, sceaux et monnaies des Pays-Bas.

employa aussi des graveurs angevins, entre autres Jean Aragon et Jean Nicolas : le premier reproduisit sur le métal son blason et sa devise ; le second lui fit, moyennant la somme de 11 livres, un signet en or et en émail à l'effigie de son mari. Après la mort de René, les ateliers provençaux ne paraissent plus avoir fait parler d'eux[1].

A l'étranger, la gravure des matrices métalliques ne jeta jamais autant d'éclat qu'en France. L'Italie, tout imprégnée des traditions antiques, la cultiva à peine. L'Allemagne, plus zélée à son endroit, nous a laissé un grand nombre de monuments, qui sont généralement très fouillés, mais où les grandes lignes et les reliefs principaux sont noyés dans un trop grand luxe de détails, ce qui donne à l'ensemble un air de lourdeur. Seule, l'Angleterre, si versée dans les genres fins et délicats, tels que la miniature, a eu dans celui-là des maîtres approchant des nôtres; toutefois, s'ils les égalent à peu près par le savoir-faire et le fini de la taille, ils ne les atteignent point par la hauteur du style ni par l'entente de la composition. Dans le magnifique recueil sigillographique récemment publié à Londres par MM. Wyon, qui sont eux-mêmes graveurs de père en fils, on a relevé les noms d'une vingtaine de « tailleurs de sceaux », depuis le règne d'Henri III jusqu'aux temps modernes, et la mention de divers payements faits à leur profit[2]. Parmi eux se trouve Thomas Symonds, célèbre par les belles monnaies qu'il frappa

1. Voy. *le Roi René*, I, 534; II, 116.
2. *The great seals of England*, 1887, in-fol.

sous Cromwell. Mais ces renseignements vagues ne nous en apprennent pas plus sur l'exercice de leur art que ceux qu'on a recueillis chez nous.

Cet art tout spécial tomba en décadence au XVIe siècle, moins par suite de la propagation de l'imprimerie, comme on l'a dit quelquefois, que par l'effet de la vulgarisation de l'usage de la signature autographe. Les actes scellés cédant peu à peu la place aux actes signés, on n'eut plus besoin que de petits cachets, pour fermer les lettres missives, et ainsi la gravure sur métal disparut avec la cause qui l'avait fait naître, ou du moins qui l'avait élevée à son plus haut degré de prospérité. Les grandes chancelleries, les souverains, les ministres continuèrent à peu près seuls la tradition du moyen âge en faisant graver à leur usage des matrices d'un caractère artistique. Les artistes modernes ont même dépassé, au point de vue de la perfection des procédés, ce qu'avaient fait de mieux les siècles passés. Cela n'empêche point leur production d'être trop restreinte pour constituer une industrie particulière, ni les règles fixes qui présidaient à la composition des anciens types d'être aussi oubliées que celles qui régissaient leur emploi.

CHAPITRE IV

LES EMPREINTES

Empreintes sur cire. — Nature et couleur des cires employées. — Modes d'apposition : sceaux plaqués ; sceaux pendants. — Attaches servant à retenir ces derniers. — Places affectées aux sceaux de cire. — Moyens de conservation. — Empreintes sur métal. — Bulles d'or, d'argent, de bronze, de plomb ; procédés usités pour leur reproduction.

Les empreintes étant la plupart du temps le seul moyen que nous possédions pour connaître et juger les œuvres des anciens graveurs de sceaux, il est indispensable de savoir comment elles s'obtenaient, comment elles se conservaient.

Il y a deux façons de reproduire le sujet représenté sur une matrice : en appuyant celle-ci sur la cire chaude; en l'appliquant sur le métal, par le procédé de la frappe ou autrement. Les empreintes de cire étant en immense majorité, étant même la règle ordinaire, je m'en occuperai en premier lieu.

Les Romains ne connaissaient aucun de ces modes de reproduction; mais ils enfonçaient le chaton de leurs anneaux dans une matière qui rappelait beaucoup la cire et qui en contenait en effet : c'était une argile très molle et d'une nature particulière, mélangée d'ingrédients inconnus, et appelée terre bolaire ou *sigillée*, en raison de son emploi. La cire pure, étant plus économique et en même temps plus apte à conserver exactement l'image des objets imprimés sur elle — quoique pourtant ses contours se modifient et s'affaissent quelque peu par l'effet du refroidissement, — fut substituée de très bonne heure à cette matière trop défectueuse. Les plus anciennes empreintes qui soient venues jusqu'à nous, et qui remontent au VIIe siècle, sont en cire. Mais la qualité de cette substance est encore très inférieure. C'est simplement de la cire vierge, sans préparation, et sans autre couleur que la nuance jaune brun qui lui a été communiquée par le temps ou la cuisson. Sauf de rares exceptions, on l'emploie ainsi durant toute la période mérovingienne et carlovingienne.

Avec le règne de Robert, qui semble avoir amené dans la façon de sceller les actes une réforme complète, apparaît la cire teintée de blanc, d'un blanc que l'action des siècles est à peine parvenue à jaunir. Au XIIe siècle, le rouge, puis le vert s'introduisent concurremment dans l'usage des chancelleries royales et épiscopales. Puis, au XIIIe, arrivent les sceaux jaunes, bruns, rouges, roses, bleus, noirs ; mais ces deux dernières couleurs demeureront toujours très rares. Devant cet envahissement de toutes les nuances du prisme, la royauté ne tarde pas à prendre une mesure d'ordre : à partir de Philippe-Auguste, elle adopte uniformément, pour ses mandements, édits et ordonnances, la cire verte. Puis, sous le roi Jean, elle y ajoute, pour les actes à effet transitoire, pour les expéditions de moindre importance, la cire jaune ou blanche, et elle se la réserve même exclusivement, car on voit de grands vassaux, René d'Anjou, par exemple, solliciter et obtenir comme une faveur insigne la faculté d'en faire usage « à l'instar des rois de France[1] ». Plus tard enfin, elle admet la cire rouge comme une marque spéciale pour les affaires concernant le Dauphiné ou l'Italie. Mais les particuliers, sauf quelques grands feudataires jaloux d'imiter le souverain, ne s'astreignirent jamais à des règles semblables, et la polychromie la plus variée ne cessa de régner dans leurs sceaux.

Tout au plus voit-on certaines abbayes, certains ordres religieux montrer une prédilection pour le blanc ou le noir, et les princes étrangers, comme les empereurs d'Allemagne, les rois d'Angleterre, les papes eux-mêmes, préférer la couleur rouge. Ajoutons que les cires ont été souvent recouvertes d'un vernis préservateur, qui leur a donné après coup une teinte bronzée, et qu'à défaut de ce vernis les siècles les ont revêtues d'une espèce de platine, sous laquelle il est assez difficile de distinguer leur aspect primitif.

Il n'est pas plus aisé de reconnaître leur composition exacte; car, indépendamment des matières colorantes, elles ont été combinées, depuis une époque assez reculée, avec différentes substances destinées à les rendre plus compactes ou plus brillantes, tout en leur

1. *Le roi René,* I, 493.

laissant la propriété de s'amollir à la chaleur. Dans un compte de l'archevêché de Rouen, cité par Demay[1], la qualité et la proportion des matières employées pour le sceau de l'officialité de cette ville sont ainsi indiquées : 50 livres de cire, 2 livres de vert-de-gris, 16 livres de poix blanche. Mais il est évident que le mélange n'était pas toujours le même et qu'il était parfois beaucoup plus compliqué; aussi les résultats ont-ils été, au point de vue de la solidité, extrêmement variables. Quand la cire, par exemple, a reçu une addition de craie, ce qui est arrivé fréquemment au XIIe siècle, elle nous est parvenue dans un état déplorable. Quand elle a été pétrie, au contraire, avec des poils ou des brins de ficelle, elle ne s'est cassée que très rarement. C'est seulement au XVIIe siècle qu'on a commencé à se servir de la cire à cacheter, ou cire d'Espagne : elle a été employée pour la première fois sur une lettre adressée, en 1615, à Louis XIII par sa sœur Élisabeth, femme du roi d'Espagne Philippe IV[2], et c'est de là qu'elle a tiré, selon toute apparence, et sa fortune et son nom.

La matière sur laquelle s'imprimaient d'ordinaire les matrices n'était pas assez fine, et les matrices elles-mêmes étaient trop profondément taillées pour que la couche de cire ne fût pas nécessairement très épaisse; elle l'était tellement, que le métal y creusait parfois comme une espèce de tasse. Les grands personnages paraissent même avoir déployé à cet égard une sorte d'émulation, afin, sans doute, d'augmenter la résistance

1. *Le Costume d'après les sceaux*, p. 13.
2. Douët d'Arcq, *Coll. de sceaux*, p. XXII.

et la durée des empreintes, car l'épaisseur de celles-ci dépasse souvent de beaucoup les proportions nécessaires : il est vrai que cette prodigalité ne revenait pas bien cher. C'est cette habitude qui dut être en partie la cause du changement radical survenu au XIe siècle dans le mode d'apposition des sceaux.

Dans les premiers temps, ceux-ci étaient fixés sur les actes eux-mêmes, comme le sont aujourd'hui nos cachets, au-dessous des formules finales et à côté de la signature ou du monogramme : c'est ce qu'on nomme les sceaux *plaqués*. Voici comment on procédait pour sceller de cette façon. La cire employée étant malléable comme la cire à modeler, et non pas inflammable comme celle qui nous sert à cacheter nos lettres, on la faisait préalablement tremper dans l'eau chaude pour la rendre encore plus molle, et on la pétrissait de manière à lui donner à peu près la forme et la dimension voulues. Le chancelier ou son aide prenait la pièce à sceller (car le roi, même au temps où il se servait de son anneau, n'opérait pas lui-même, comme l'indiquent les formules d'usage : *sigillari fecimus, annuli impressione insigniri jussimus*, etc.) ; il pratiquait dans le parchemin deux fentes transversales en forme de croix, rabattait les quatre cantons de cette croix, de façon à former une ouverture en losange ou carrée, puis introduisait dans cette ouverture une quantité de cire assez considérable pour déborder des deux côtés de la pièce. Sur le côté postérieur ou le *verso*, la cire était aplatie en plaque ronde et mince, plus large que le trou, plaque qui devenait ainsi une sorte d'écrou destiné à river le sceau. Sur la face antérieure, au contraire, on ajoutait une seconde couche de la même matière, que l'on réunissait à la première pour la renforcer; on l'étendait tout autour de l'ouverture sur une superficie plus large encore;

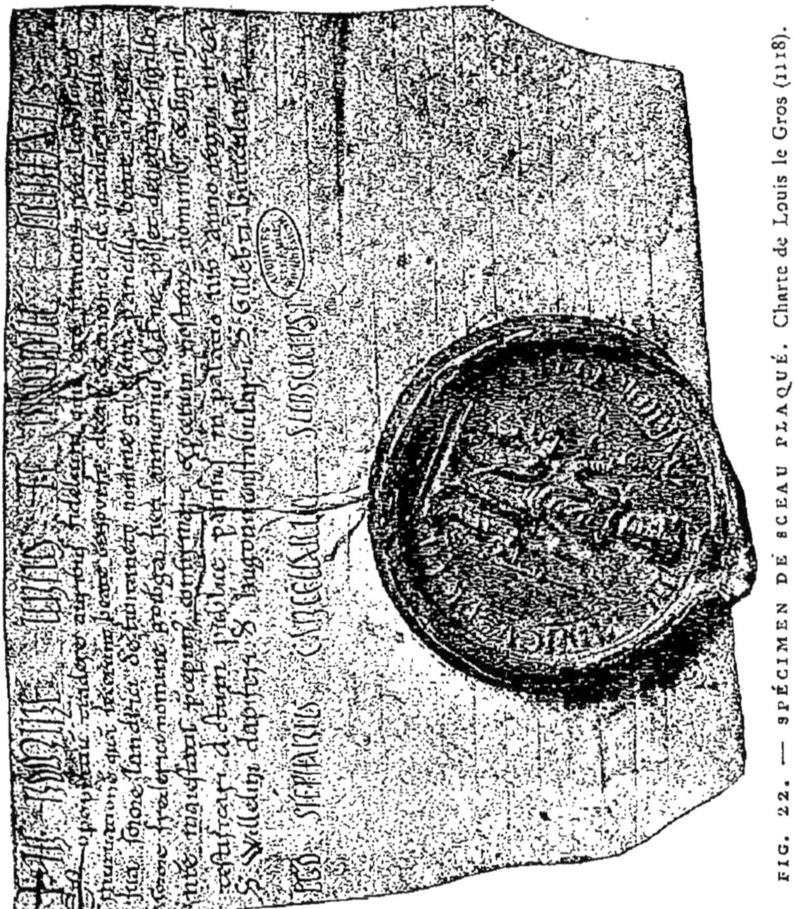

FIG. 22. — SPÉCIMEN DE SCEAU PLAQUÉ. Charte de Louis le Gros (1118).

puis on relevait et on régularisait avec les doigts les bords de cette espèce de gâteau, qui, s'il n'adhérait pas au parchemin même, s'y trouvait au moins retenu par le milieu. Enfin, l'on appliquait sur lui la matrice avant que la cire ne fût durcie, on appuyait fortement, et, l'empreinte obtenue, on la laissait sécher à loisir. Ce procédé n'est décrit nulle part; mais, de l'état des pièces, de l'examen des cires et des expériences tentées pour le surmoulage des empreintes, il résulte qu'on n'a pu en employer d'autre. L'opération se faisait, du reste, avec une dextérité remarquable, car la plupart des sceaux plaqués sont encore adhérents aux chartes qu'ils avaient mission de valider, et l'on ne connaît qu'un seul diplôme de cette période primitive portant la trace d'une impression double, c'est-à-dire recommencée à deux reprises [1].

Mais, lorsqu'on se mit, pour le motif que j'indiquais tout à l'heure, à faire des empreintes plus épaisses (ce qui se voit déjà sous Charles le Simple), et surtout lorsque la substitution du *sigillum* à l'*annulus* leur eut donné, avec une dimension beaucoup plus grande, des reliefs bien plus accentués, ce qui eut lieu à partir du roi Robert, il fallut nécessairement chercher un autre moyen de les fixer aux chartes : elles couraient le risque d'être endommagées entre deux parchemins ou de se détacher de celui auquel elles adhéraient, ce qui est, en effet, arrivé à plusieurs sous les derniers Carlovingiens et les premiers Capétiens. C'est alors qu'on imagina les sceaux *pendants*, c'est-à-dire appendus au bas des pièces à l'aide d'un lien tenant à la cire par un bout et au parchemin par l'autre. Toutefois, ce n'est pas la chancelle-

1. Douët d'Arcq, n° 7 (sceau de Childebert III). Le sceau de Louis le Gros, plaqué sur une charte de 1118, est encore solidement collé au parchemin, malgré son énorme épaisseur. (Archives nationales, K 21, n° 13 [4].)

rie des rois de France qui adopta la première ce nouveau système. Celle des rois d'Angleterre, quelques prélats français, comme Richard, archevêque de Bourges (1073), Geoffroi, évêque d'Amiens (1105), et deux ou trois grands seigneurs, comme Henri Ier, duc de Normandie (vers 1107), Foulques II, comte d'Anjou (vers 1118), la devancèrent dans cette voie [1]. Il fallut que les sceaux royaux prissent des proportions plus fortes encore pour que nos princes se décidassent à rompre avec les traditions si stables et si anciennes de leur monarchie. Louis le Gros est le premier qui ait abandonné la vieille mode, en 1118. Encore montra-t-il de l'hésitation; car, après avoir scellé d'un sceau pendant retenu par un cordon de soie, il revint à plusieurs reprises au sceau plaqué [2]. C'est seulement à partir de Louis VII que ce dernier disparut complètement des actes émanés de la royauté, pour reparaître au temps des Valois sur les lettres missives, les simples mandements, et généralement sur toutes les pièces scellées du scel secret [3]. Les sceaux pendants devinrent bientôt d'un usage universel. Ils forment, par conséquent, l'immense majorité de ceux que le moyen âge nous a légués, d'autant plus que les chartes, et, à plus forte raison, les empreintes

1. Archives nat., K 20, nos 3 et 7; J 210, n° 1 ; L 1008, etc.

2. Archives nat., K 22. C'est par erreur que Douët d'Arcq a donné comme *appendu* à un acte de 921 un sceau de Charles le Simple (n° 29); ce sceau, qu'on peut voir au musée des Archives, est plaqué comme tous ceux de l'époque.

3. Les lettres missives de l'empereur Frédéric II continuèrent, par exception, à être scellées en placards, parce qu'étant écrites quelquefois sur un papier très faible, elles n'auraient pu supporter un sceau pendant.

antérieures au XIIe siècle se sont rarement conservées jusqu'à nous.

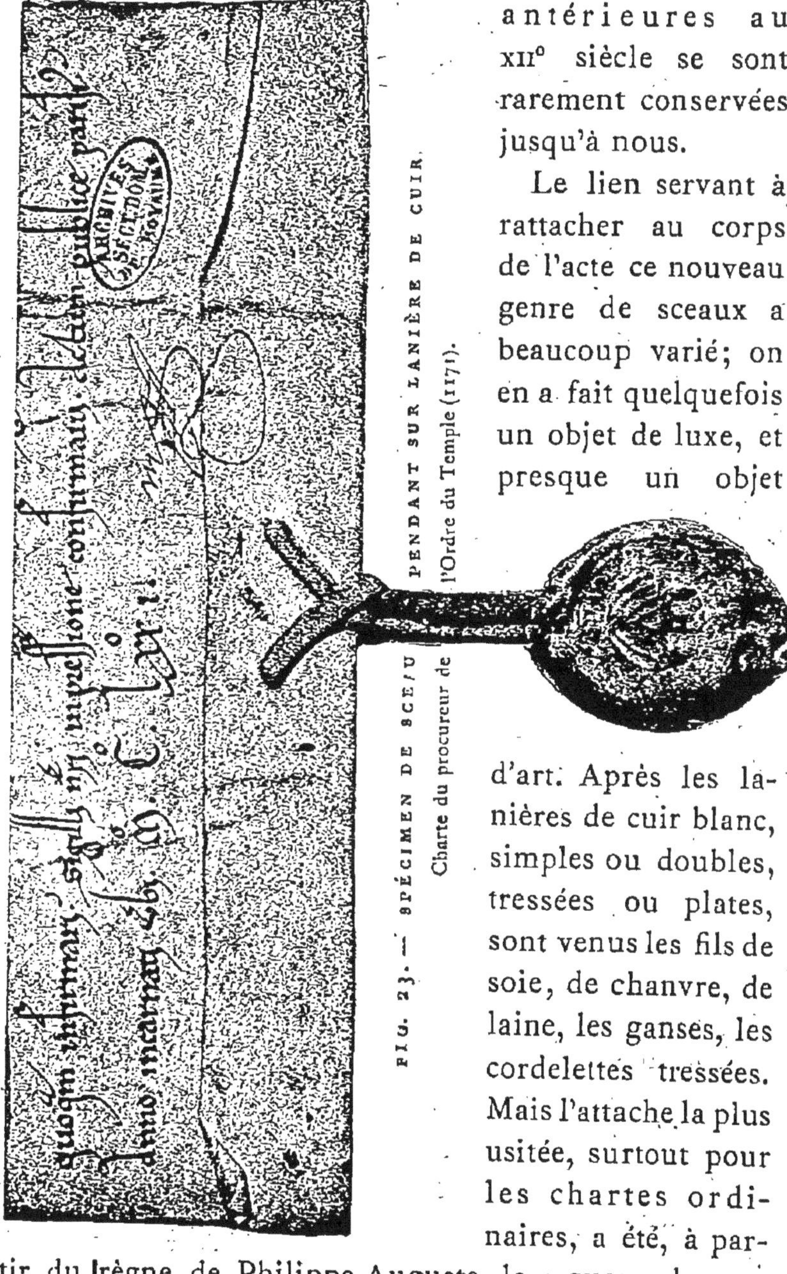

FIG. 23. — SPÉCIMEN DE SCEAU PENDANT SUR LANIÈRE DE CUIR.
Charte du procureur de l'Ordre du Temple (1171).

Le lien servant à rattacher au corps de l'acte ce nouveau genre de sceaux a beaucoup varié; on en a fait quelquefois un objet de luxe, et presque un objet d'art. Après les lanières de cuir blanc, simples ou doubles, tressées ou plates, sont venus les fils de soie, de chanvre, de laine, les ganses, les cordelettes tressées. Mais l'attache la plus usitée, surtout pour les chartes ordinaires, a été, à partir du règne de Philippe-Auguste, la « queue de parchemin ». Les actes « scellés sur double queue » sont ceux où une petite bande de parchemin a été passée dans une fente pratiquée au bas de la pièce; les deux bouts de cette petite bande, pliée en deux, se rejoignent

FIG. 24. — SPÉCIMEN DE SCEAU PENDANT SUR SIMPLE QUEUE DE PARCHEMIN.
Charte de Philippe-Auguste (1216).

dans la cire, qui les retient et ferme ainsi l'attache. La « simple queue » n'est autre chose qu'une découpure taillée dans la charte elle-même, en forme de lanière, et supportant à son extrémité le sceau pendant. A la cour de France, les empreintes en cire jaune devaient être fixées à une queue de parchemin, double ou simple, tandis que les vertes, d'un caractère plus solennel, devaient pendre à des lacs de soie.

Au XIIIe siècle, en effet, les goûts artistiques s'étant partout développés, les tissus de soie aux brillantes couleurs, aux broderies élégantes, sont adoptés par les chancelleries des hauts et puissants personnages. « Il nous vient d'Orient des rouges éclatants, des bleus célestes au ton chaud. Les pays du Midi traduisent sur les ganses leurs blasons d'or et de gueules. Ce sont des rubans échiquetés de bleu, de jaune, de blanc, de brun, des cordelettes blanches, chinées, mouchetées, componées. Des lacs de soie rose attachent, en 1219, le sceau de

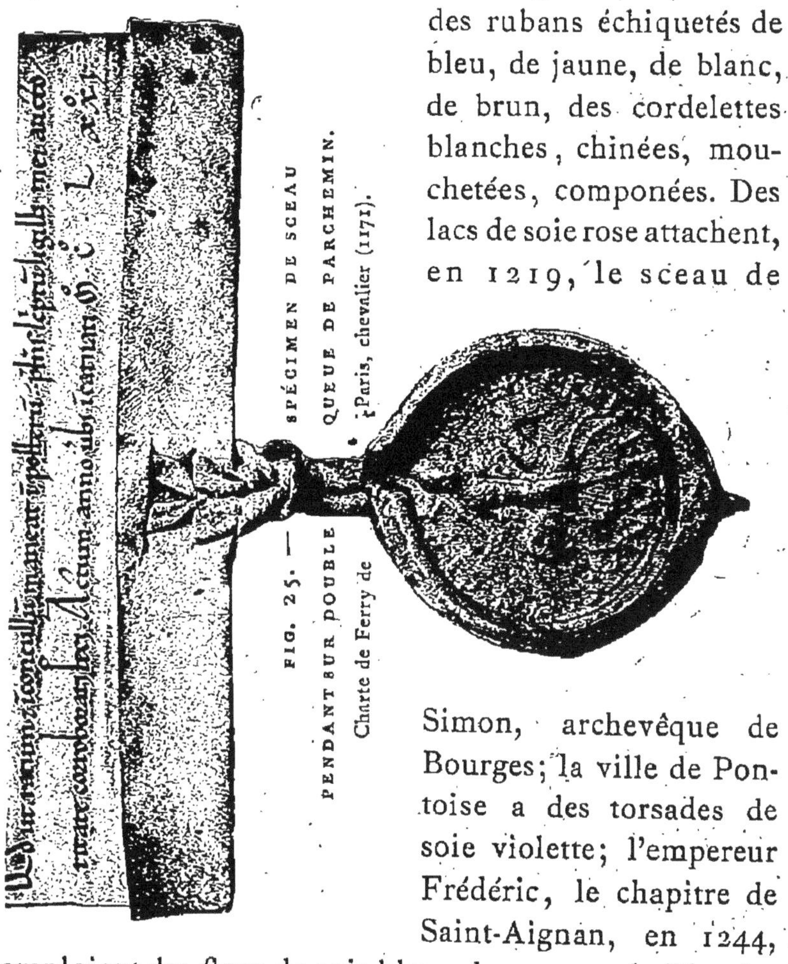

FIG. 25. — SPÉCIMEN DE SCEAU PENDANT SUR DOUBLE QUEUE DE PARCHEMIN.
Charte de Ferry de Paris, chevalier (1171).

Simon, archevêque de Bourges; la ville de Pontoise a des torsades de soie violette; l'empereur Frédéric, le chapitre de Saint-Aignan, en 1244, emploient des flocs de soie bleue; les comtes de Flandre préfèrent les tresses de soie verte, tandis que les comtes de Toulouse recherchent les cordons de soie rouge étranglés de distance en distance par des fils d'or. Un ruban de fil liséré de brun, componé de blanc et de bleu, retient, en 1390, le sceau de la ville de Cahors. En 1374, le Châtelet scelle avec de longs flocs de soie rouge, jaune et bleue; Pierre, comte d'Alençon, se sert des mêmes couleurs en torsade[1]. »

Mais la plus curieuse de toutes les attaches de ce genre est celle que l'on voit au bas d'une charte de Richard Cœur-de-Lion, signalée autrefois par M. Léopold Delisle, et conservée aujourd'hui dans les Archives départementales du Calvados[2]. Elle consiste en un lac de soie verte orné de broderies de

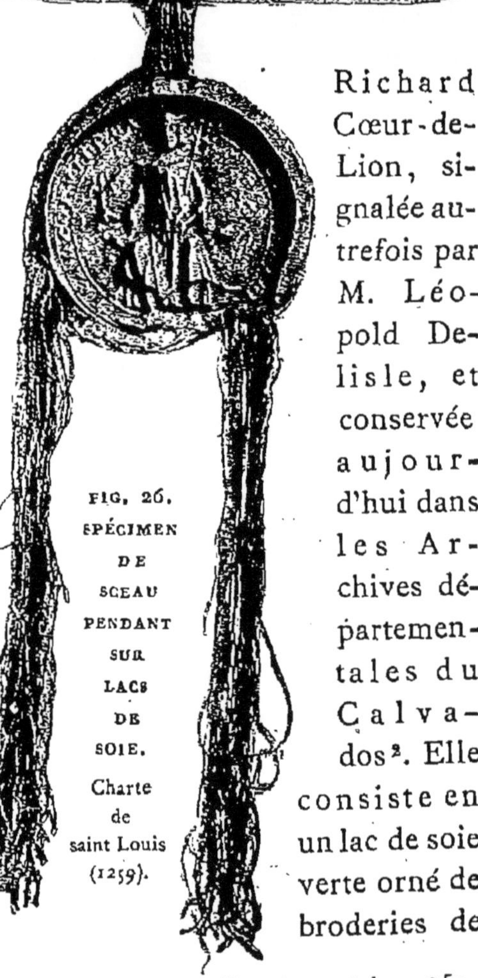

FIG. 26. SPÉCIMEN DE SCEAU PENDANT SUR LACS DE SOIE. Charte de saint Louis (1259).

1. Demay, *le Costume d'après les sceaux*, p. 33.

2. *Bibl. de l'École des chartes*, an. 1853, p. 56; fac-similé dans le *Musée des Archives départementales*, n° 52.

différentes couleurs et portant, tissée dans l'étoffe, la galante devise que voici :

Jo suis druerie ;
Ne me dunez mie.
Ki nostre amur deseivre,
La mort p...

« Je suis gage d'amour; ne me donnez point. Qui sépare notre amour, la mort... » (La fin du quatrième vers manque.) Ce travail délicat, d'origine anglaise ou française, est du XIIe siècle. La pièce dont il fait l'ornement est une donation en faveur du connétable de Normandie et de Gile, sa femme. « C'est là, dit Demay, un cas tout exceptionnel, qui attend encore son explication. » Mais le secret de cette étrange façon de sceller ne serait-il pas dans un tendre sentiment du royal paladin à l'égard de la donataire ?

Quelquefois le sceau était appendu au milieu du parchemin, ou bien sur un de ses côtés, au lieu de l'être à son bord inférieur. On rencontre aussi des attaches portant deux sceaux différents. Mais ce sont là des faits isolés, dont on ne saurait tenir compte dans un exposé général. Il en est de même des cas où l'acte formait un cahier ou un registre : la règle ordinaire était abandonnée, et l'on se contentait de fixer le sceau à un fil passé, soit dans le dos, soit dans les feuillets du cahier, ou simplement de le plaquer sur la dernière page.

L'empreinte des sceaux pendants se faisait à peu près de la même manière que celle des sceaux plaqués. Seulement, au lieu d'appliquer la cire sur la charte elle-même, par devant et par derrière, on en enveloppait l'extrémité de l'attache; puis on midelait, on appli-

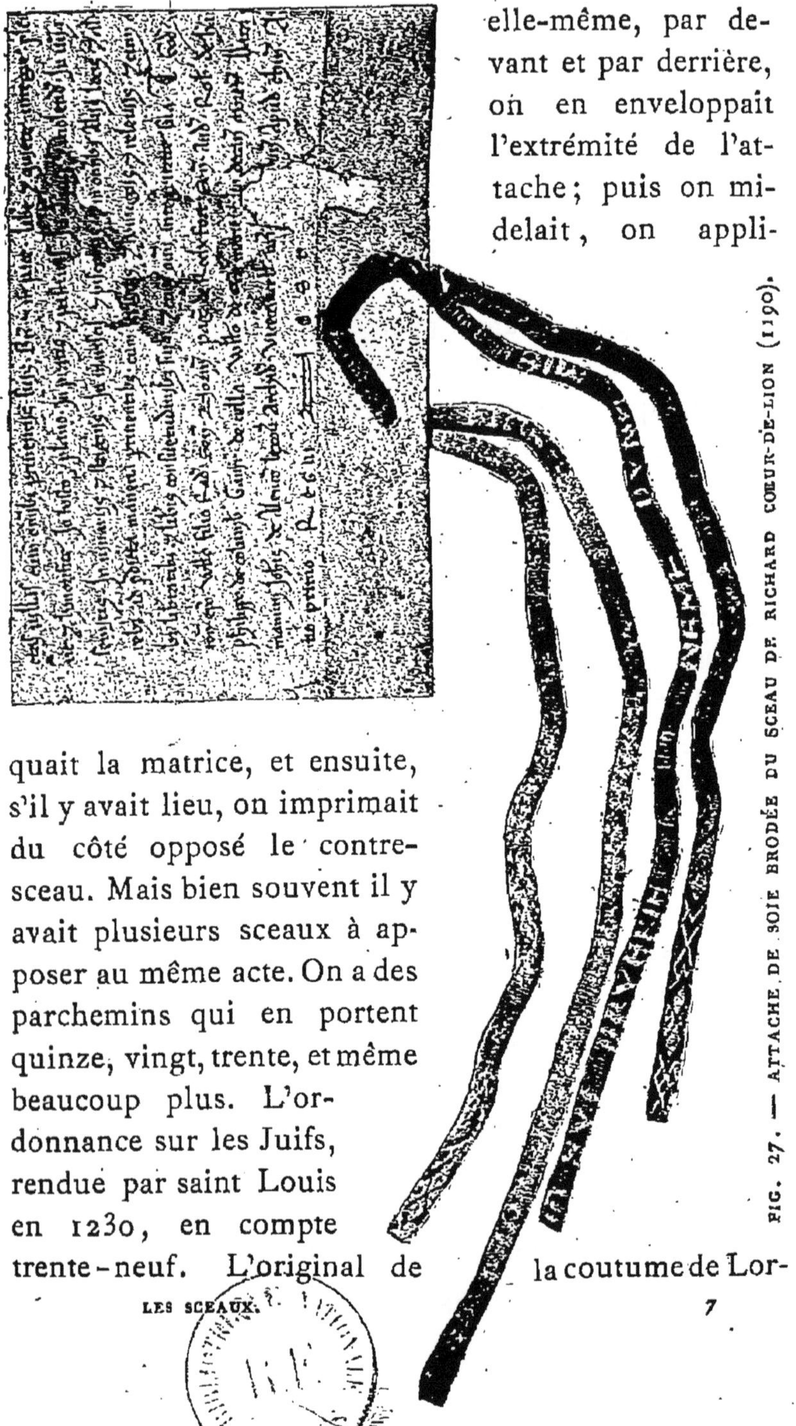

FIG. 27. — ATTACHE DE SOIE BRODÉE DU SCEAU DE RICHARD CŒUR-DE-LION (1190).

quait la matrice, et ensuite, s'il y avait lieu, on imprimait du côté opposé le contre-sceau. Mais bien souvent il y avait plusieurs sceaux à apposer au même acte. On a des parchemins qui en portent quinze, vingt, trente, et même beaucoup plus. L'ordonnance sur les Juifs, rendue par saint Louis en 1230, en compte trente-neuf. L'original de la coutume de Lorraine, rédigée en 1425, n'en a pas moins de cinquante-neuf. Lorsque Philippe le Bon, duc de Bourgogne, se déclara lui-même héritier et gouverneur du Hainaut, il se fit reconnaître, pour plus de sûreté, par cent soixante-douze seigneurs et personnages de marque : tous durent ratifier cette reconnaissance, et, le bas de la charte ne suffisant pas pour tant de sceaux, on les disposa sur onze rangs parallèles.

D'autres fois, on les attachait tout autour de la pièce, sur trois côtés ou sur les quatre, de sorte que celle-ci en arrivait à ressembler à un véritable médaillier; on en a un exemple dans l'original de l'arrêt rendu contre Pierre Mauclerc, duc de Bretagne, par trente pairs et barons de France, qui tous ont scellé l'acte[1]. En pareille circonstance, la position respective des signes de validation était déterminée par l'ordre hiérarchique ou par la préséance : la place d'honneur se trouvait tantôt au milieu, comme à table, tantôt à l'extrémité de gauche ; dans le premier cas, la deuxième place était à la droite de la première, la troisième à la droite de la deuxième, et ainsi de suite; dans l'autre, le premier personnage après le président se mettait à sa gauche, le second à sa droite, le troisième à la gauche du premier[2], etc.

On voit, par les détails qui précèdent, combien ce petit morceau de cire, qui donnait tant de valeur aux contrats de toute espèce, était en danger de se briser ou

1. Archives nat., J. 241, n° 5.

2. Voy. les tableaux donnés par Demay dans *le Costume d'après les sceaux*, p. 38.

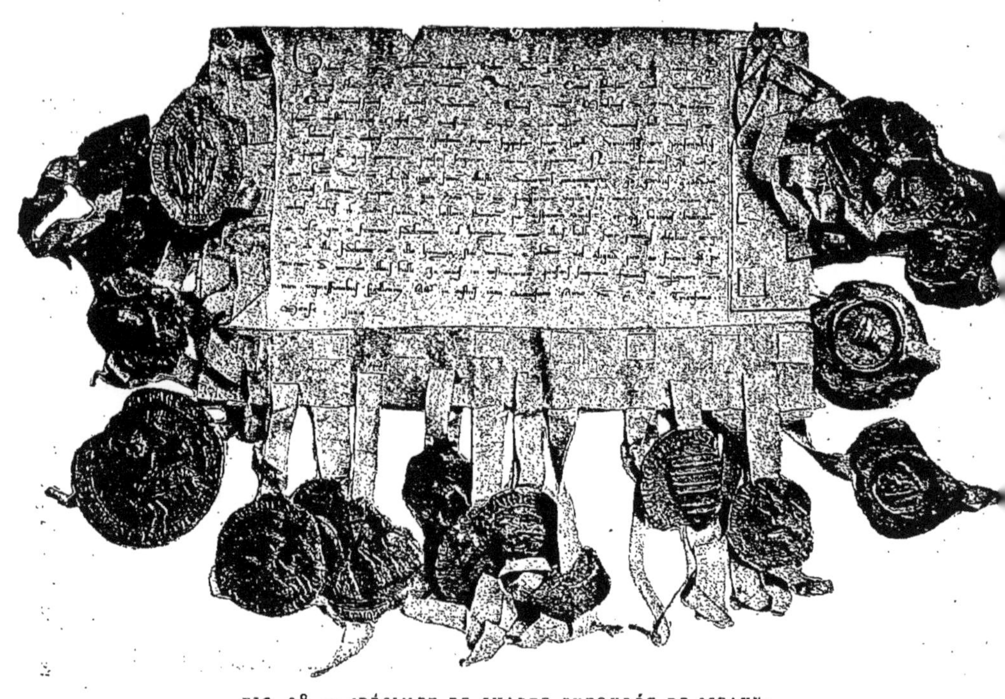

FIG. 28 — SPÉCIMEN DE CHARTE ENTOURÉE DE SCEAUX.
Arrêt rendu contre Pierre Mauclerc par trente pairs et barons de France (1230).

de se dégrader : si friable était la matière, si délicats les reliefs de l'empreinte, si nombreuses. les occasions de choc et de frottement ! C'est pourquoi les intéressés veillaient aussi soigneusement sur son intégrité que sur celle des matrices, et le mettaient comme nous disons vulgairement, dans du coton. Le mot n'est pas ici une figure de rhétorique; car, dès le XIIIe siècle, on prit l'habitude de renfermer les sceaux « entre deux couches d'étoupe, dans des sachets de toile, de cuir ou de parchemin; au XIVe, on les mit dans des chemises en étoffe moelleuse et épaisse, qui, serrées par le col, glissaient sur l'attache quand on avait

FIG. 29. — ENVELOPPES DE SCEAUX EN ÉTOFFE BRODÉE.
(XIIIe-XIVe siècle.)

besoin de l'examiner[1]; plus tard, au xve siècle, et surtout au xvie, on les plaça dans des boîtes de bois ou de métal fermant à coulisse ou à charnière, avec une ouverture pour laisser passer l'attache. Que ne fit-on pas? et toujours inutilement, car l'expérience a prouvé que les plus détériorés sont justement ceux qu'on a entourés de plus de précautions, par la raison très naturelle que, lorsqu'on a besoin de consulter fréquemment ces fragiles monuments, de les manier, de les tourner et retourner pour lire les légendes et reconnaître le type du sceau et du contre-sceau, si une main maladroite doit ouvrir et fermer ces sachets, relever et rabaisser ces enveloppes, dévisser et visser ces boîtes, les empreintes de cire seront vingt fois plus exposées à être brisées, les lanières à être coupées que si elles étaient laissées en leur pleine liberté. On manie plus délicatement le sceau qui se montre dans toute sa faiblesse et avec ses blessures que le sachet et la boîte qu'on secoue et qu'on heurte avec d'autant plus d'insouciance, qu'on a droit de compter sur eux pour préserver ce qu'ils contiennent[2]. » Voilà pourquoi les collets, les tresses de paille, de jonc ou de cordelette, les torsades de parchemin disposés autour des empreintes pour les protéger ont trop souvent manqué leur but, aussi bien que les morceaux de papier dont on recouvrait malencontreusement la cire, soit avant l'impression de la matrice, soit après. Mais nos pères ne pouvaient prévoir ces défauts de précaution. Ils

1 Voy. les spécimens donnés par Demay, *Costume*, p. 17.

1. De Laborde, préface de la *Collection de sceaux* des Archives, p. 32.

pensaient que les objets qui leur étaient sacrés seraient entourés par leurs héritiers du même respect et des mêmes soins. Qu'auraient-ils dit s'ils avaient su que le vandalisme moderne en viendrait à faire la guerre aux sceaux comme aux titres de noblesse, et qu'on verrait un jour ces reliques du passé vendues par l'aveuglement révolutionnaire aux ciriers, pour être

FIG. 30. — BULLES D'OR DE FRÉDÉRIC II, EMPEREUR D'ALLEMAGNE.
Monuments de Rome et plan du port de Messine (1235 et 1246).

transformées en bougies vertes, jaunes, rouges, et brûlées, non sans peine, en cette qualité?

Arrivons enfin aux empreintes en métal.

Celles-ci sont ordinairement désignées sous le terme générique de *bulles*. L'or, l'argent, le bronze, le plomb, les ont fournies tour à tour. Elles sont toujours *pendantes*, en raison de leur matière et de leur poids, et rattachées à l'acte par des cordons de soie de différente couleur. Les bulles d'or se rencontrent rarement. Bien que les Bénédictins, sur la foi de divers documents, en signalent un assez grand nombre comme apposées aux diplômes des princes carlovingiens ou capétiens, des papes, des empereurs et de quelques autres souverains étrangers, nos Archives n'en ont guère conservé qu'une dizaine, et les autres collections en possèdent bien moins encore. Sur ce chiffre, quatre émanent de l'empereur d'Allemagne Frédéric II, une de Baudouin II, empereur de Constantinople, une du doge Gradenigo, deux de l'empereur Charles IV, et une de son successeur Ferdinand III; la dernière est celle qui fut mise par Henri VIII au bas de la ratification du traité de Boulogne, dit du Camp du drap d'or. Mais toutes ces bulles sont des sceaux d'une nature exceptionnelle, fabriqués pour la circonstance; ce ne sont plus les reproductions d'un moule uniforme et permanent. De plus, au lieu d'avoir été obtenus par la pression de la matrice sur une matière molle, ils se composent de deux minces feuilles d'or estampées sur un métal gravé, puis rapprochées et soudées l'une contre l'autre, de manière à former entre elles un vide, qui a été rempli par un gâteau de cire destiné à les soutenir. C'est ce qui explique l'épaisseur de quelques-unes de ces bulles. Celle de Ferdinand III, par exemple, n'a pas moins de trois centimètres, et semble ainsi, à peu de frais, un objet d'art somptueux[1]. Seule, celle d'Henri VIII est en or massif. Elle a donc dû être fondue et ciselée, et, en effet, l'œil exercé y distingue des retouches faites à la main. C'est un ouvrage d'une grande richesse, quoique lourd de dessin, par lequel le roi d'Angleterre

1. Coll. des Archives, n° 10929.

paraît avoir voulu montrer à François Ier, son rival, que ses artistes n'étaient pas étrangers aux progrès de la Renaissance. Il y est figuré sur le trône, avec son visage joufflu et son attitude raide, au-dessous d'un dais

FIG. 31. — BULLE D'OR DE FERDINAND III, EMPEREUR D'ALLEMAGNE (1654).

d'architecture antique et au milieu d'ornements affectant visiblement le même style. Sur le contre-sceau, travaillé par les mêmes procédés, se voient des lacs d'amour et de roses disposés dans la jarretière, avec une devise de circonstance : *Ordine junguntur et perstant federe cuncta*[1].

D'autres bulles d'or de l'empereur Frédéric II, de

FIG. 32. — BULLE D'OR D'HENRI VIII, ROI D'ANGLETERRE. (1527.)

son fils Henri et de leur successeur Charles IV sont conservées précieusement aux Archives départementales du Nord, héritières du trésor historique des comtes de

1. Coll. des Archives, n° 10055. Cette bulle est déposée dans l'armoire de fer des Archives.

Flandre. Le Cabinet des médailles, à Paris, en montre une du roi Louis XII, qui diffère, par l'absence du dais et de la draperie du fond, des sceaux en cire du même prince. On suppose qu'elle a été exécutée par un artiste italien; conjecture d'autant plus vraisemblable, que le contre-sceau porte les armes du royaume de Naples (*Anjou-Sicile* et *Jérusalem*)[1]. Enfin les papes ont usé de bulles d'or en certaines circonstances déterminées, par exemple, pour l'élection du roi des Romains, pour la nomination des cardinaux, etc. Clément VII trouva bon de ratifier avec le même luxe le diplôme conférant au roi d'Angleterre le titre de *Défenseur de la foi*, titre qui, comme l'on sait, n'en fut pas mieux porté pour cela. Les archives du Vatican renferment encore quelques spécimens de ces bulles pontificales, exécutées, comme les précédentes, par le procédé de l'estampage ou par celui de la frappe[2].

Plus rares encore sont les bulles d'argent. Mabillon, le célèbre chef de l'école bénédictine, en avait vu une de Louis le Débonnaire; mais il ne la regardait pas comme authentique. Le Cabinet des médailles en possède deux de Charles le Chauve, représentant le buste lauré de ce prince. Ce sont les plus anciennes que l'on connaisse aujourd'hui. Elles sont d'un travail assez élégant, imitant les médailles antiques, et leur relief, comme dans tous les sceaux de ce genre, est bien plus net que celui des empreintes en cire[3]. L'unique bulle

1. Coll des Archives, n° 91.

2. Voy. à ce sujet un récent travail de M. Cadier, dans les *Mélanges* de l'École française de Rome (an. 1888).

3. Douët d'Arcq, n°s 24, 25.

FIG. 33.

BULLE D'OR DE LOUIS XII, AVEC SON CONTRE-SCEAU (1500-1515).

d'argent des Archives nationales émane d'un seigneur navarrais du XIIIe siècle, Rodrigo Diaz de Los Canberos. Elle est d'une facture assez grossière; mais, telle qu'elle est, cette petite plaque d'argent, formée, comme toujours, de deux lames estampées et soudées par les bords, a failli amener la réunion de la France et de l'Espagne : elle attestait, en effet, qu'Alphonse VIII, roi de Castille, avait, en mourant, légué sa couronne au fils du roi de France, qui n'était autre que saint Louis, pour le cas où son propre fils Henri mourrait sans postérité, et le jeune héritier des droits de la reine Blanche fut sur le point d'être envoyé pour ce motif dans le pays de sa mère[1]. Quels changements dans la destinée des deux nations, si le sceau de Rodrigo Diaz avait eu une autorité suffisante!

FIG. 34.
BULLE D'ARGENT
DE CHARLES LE CHAUVE.
(840-877.)

Les bulles de bronze ont été rejetées par Demay au nombre des légendes. Douët d'Arcq en a bien mentionné deux, l'une de Frédéric Barberousse, l'autre de Louis de Bavière; il les a même décrites en détail dans ses *Éléments de sigillographie*[2]. Toutefois rien ne prouve, dans leur état actuel, qu'elles proviennent de titres écrits, ni qu'elles aient jamais servi à valider des actes. Elles constitueraient, dans tous les cas, une infime exception.

1. Voy. de Wailly, *Éléments de paléographie*, II, 46.
2. *Coll. de sceaux*, p. xx.

Il en est tout autrement des bulles de plomb. Chacun sait qu'elles ont tenu le premier rang dans les usages de la chancellerie pontificale, et qu'elles ont communiqué leur nom aux lettres solennelles des successeurs de saint Pierre. C'est le pape Deusdedit qui paraît avoir inauguré, en 614, cette façon de sceller. Du moins c'est à cette date qu'appartient la plus ancienne des bulles de plomb connues jusqu'à présent; mais leur emploi peut parfaitement remonter plus haut. A partir du VIIe siècle, Rome, dont le cérémonial est aussi immuable que la doctrine, est demeurée fidèle à cette antique tradition. Les brefs seuls, et encore certaines catégories de brefs, ont été scellés sur cire, au moyen de l'*anneau du pêcheur*, ainsi nommé parce qu'il représente, au lieu des têtes de saint Pierre et de saint Paul, le « pêcheur d'hommes », jetant ses filets[1].

Mais bien d'autres que les papes se sont autrefois servis de bulles de plomb : l'ordre de l'Hôpital, un certain nombre d'évêques et d'abbés, tant d'Italie que de Provence, quelques souverains, comme les empereurs d'Orient, les rois de Chypre, de Sicile, d'Espagne, les doges de Venise, et même de simples seigneurs, tels que les comtes de Toulouse, les princes d'Orange, etc. La vulgarisation de cet usage dans les pays méridionaux tenait-elle, comme on l'a prétendu, aux ardeurs du climat? Aurait-on redouté pour les sceaux ordinaires les effets délétères de la grande chaleur[2]? Il eût fallu, pour les faire fondre, une température plus brûlante

1. Voy. plus loin, fig. 117.

2. Voy. l'étude de M. A. Maury sur *la Sigillographie*, publiée dans *la Revue des Deux Mondes*.

que celle du sud de l'Europe, et, d'ailleurs, les pâles visages de cire enfermés dans les chartriers des seigneurs ou dans les *armaria* des monastères devaient être bien rarement exposés aux feux du soleil. N'est-il pas plus raisonnable d'admettre que l'influence des traditions byzantines pour les contrées orientales, celle des coutumes romaines pour la région méridionale de l'Occident, y ont répandu ou perpétué la mode des bulles de plomb ? L'explication est d'autant plus vraisemblable, que ces divers pays ont employé concurremment les empreintes de cire, sans cependant les voir altérées par l'effet des chaleurs.

FIG. 35. — BULLE DE PLOMB DE CHARLES LE CHAUVE. (840-877.)

Chez nous, ces sortes de bulles sont toujours demeurées à l'état d'exception. La chancellerie royale nous en offre un spécimen très ancien : c'est un sceau de Charles le Chauve représentant ce prince en buste, couronné de lauriers, avec son monogramme au revers[1]. Mais cette façon de sceller ne put s'acclimater à la cour de France, et, parmi nos anciennes provinces, le Dauphiné seul paraît l'avoir conservée longtemps (jusqu'aux environs de l'an 1500), parce qu'il ne se fondit que très tard dans l'homogénéité de la mère-patrie. Les rois de Chypre, qui étaient de race française, l'abandonnèrent dès le milieu

1. Coll. des Archives, n° 23.

du XIVe siècle; on peut voir au Cabinet des médailles comment Hugues Ier et ses successeurs l'appliquèrent jusqu'à cette époque à leurs principaux actes[1].

Les bulles de plomb n'étaient ni estampées ni ciselées. Elles se composaient bien de deux lames arrondies et soudées par les bords, comme les bulles d'or ou d'argent; mais ces deux lames étaient plus épaisses et ne laissaient entre elles aucun vide. C'est ce qui se reconnaît aisément lorsqu'un sceau de cette nature vient à se fendre en deux. Chaque face de cette double médaille, après avoir été fondue à part, était *frappée* à l'aide d'une ma-

FIG. 36.
BULLE DE CUIVRE ET D'ÉTAIN DE FRÉDÉRIC Ier, EMPEREUR D'ALLEMAGNE.
Face et revers (vers 1178).

1. Voy. *Bibl. de l'École des chartes*, an. 1880 p. 82; an. 1843-44, p. 130 et 415.

trice d'acier trempé, analogue à ce qu'on nomme le coin des monnaies ; puis elle était réunie solidement à l'autre, et l'attache était emprisonnée entre les deux.

Enfin, une dernière variété de métal a été signalée par Huillard-Bréholles dans une bulle de l'empereur Frédéric Ier : c'est un alliage de cuivre et d'étain, formant encore deux disques assemblés par le moyen de la soudure. Sur l'un est reproduite l'image du prince, représenté à mi-corps, entre deux lions ; sur l'autre, celle de divers monuments de Rome, parmi lesquels on peut reconnaître le Colisée[1]. Ce travail, d'origine italienne sans doute, constitue une rareté unique en son genre ; je lui devais néanmoins une mention, avant de passer à l'étude des types gravés sur les sceaux, qui va nous faire pénétrer au cœur même de notre sujet.

1. Cabinet des médailles. Cf. les *Mém. de la Société des antiquaires de France,* XXVII, 81.

CHAPITRE V

SCEAUX DES SOUVERAINS

Importance du type des sceaux royaux. — Image officielle de Childéric, de Dagobert, de Sigebert II, de Charles le Chauve. — Type de majesté : physionomies, costume, accessoires. — Les premiers Capétiens. — Louis VI, Louis VII, Philippe-Auguste, saint Louis. — Philippe le Bel et ses fils. — Les Valois ; portraits de Charles V. — Louis XI ; dais et pavillons. Art de la Renaissance : les Valois-Angoulême. — Types modernes : les Bourbons, la République, l'Empire et les derniers régimes. — Sceaux des souverains étrangers. — Série des reines, depuis Constance de Castille jusqu'à Marie-Antoinette.

La gravure des sceaux comporte deux éléments, qui se trouvent le plus souvent réunis : l'un relève de l'art du dessin, l'autre de l'écriture. Le premier est ce qu'on appelle plus proprement le *type;* le second constitue la *légende.* Portons d'abord notre attention sur le type, ou sur le sujet qui représente la partie artistique de la composition.

En première ligne vient le type « de majesté », dont j'ai déjà expliqué l'origine et la formation. Il est réservé aux souverains. Ceux-ci, à la vérité, ne s'en sont pas toujours contentés, car ils ont usé accidentellement du type équestre et du type armorial; mais ils l'ont constamment regardé comme le symbole de leur pouvoir suprême et comme le sceau royal par excellence.

La base fondamentale du type de majesté est la figure du prince. C'est son portrait que l'artiste a reçu l'ordre de faire et qu'il a plus ou moins réussi à graver sur le métal. *Sigillum imaginis nostræ*, disent les diplômes de Louis le Gros[1]. De là l'importance exceptionnelle de la série des sceaux des rois de France, plus complète qu'aucune autre : elle équivaut pour nous à une galerie de portraits authentiques, que l'on demanderait en vain aux autres classes de monuments, et, en représentant l'image fidèle de son souverain tel qu'il l'avait sous les yeux, avec ses insignes et ses attributs, le graveur a fait en même temps une étude de costume et de mobilier qui doublent le prix de son œuvre aux yeux de l'archéologue. Sur un petit rond de cire de quelques centimètres, on voit revivre tout l'appareil royal, toute la physionomie des anciennes cours du moyen âge. Les plus belles monnaies n'en ont jamais appris autant à l'observateur, non seulement parce que leur type est immobile, mais parce que la figure du roi y est isolée, hors de son milieu.

Mais, avant d'arriver à la conception du grand sceau de majesté, nos rois avaient déjà essayé de faire reproduire leurs traits de cette manière. Devançant de plusieurs centaines d'années les peintres sur vélin, qui furent les premiers portraitistes modernes, les graveurs

1. Archives nat., K 21, n° 1, etc.

sur métal se trouvèrent ainsi voués par leur profession même à l'imitation de la nature, dans un temps où les autres arts vivaient de convention ; c'est ce qui leur donna très vite la supériorité. Au début, leurs essais sont grossiers. Ils rendent cependant d'une façon très reconnaissable la physionomie générale des princes mérovingiens, telle que nous la connaissons d'après les documents écrits.

Voici d'abord le barbare Childéric, le père du fondateur de la monarchie très chrétienne. Ce n'est déjà plus un simple chef de tribu germanique : c'est un guerrier à demi romanisé ; c'est en quelque sorte un lieutenant de l'empereur, un maître de la milice. Il cherche à relever son prestige aux yeux des populations gallo-romaines en affectant la mise et les allures de ceux qu'il a détrônés. Aussi voyez comme sa rude effigie rappelle à la fois le roi franc et le gouverneur impérial. Il a les cheveux partagés sur le milieu du front, et retombant de chaque côté, pour venir se nouer au bas de la figure : c'est le type du prince chevelu décrit par Prosper d'Aquitaine, Grégoire de Tours et d'autres ; sa dignité réside dans ses longs cheveux, comme dans ceux de Samson résidait sa force. Mais, à côté de cela, il apparaît vêtu de la dalmatique dont les médailles des empereurs d'Orient nous offrent le modèle. Il tient à la main la haste ou la lance, emblème du commandement chez les Francs, qui se transformera plus tard en bâton doré, puis en sceptre

FIG. 37. SCEAU DE CHILDÉRIC Ier. (458-481.)

fleuronné ou fleurdelisé[1]. Le caractère hybride de cette royauté naissante n'est-il pas là tout entier? Les traits du visage sont informes, et pourtant c'est déjà un portrait significatif. Dans toute histoire de France illustrée, cette image naïve devrait briller à la première page, à la place des têtes fantaisistes de Pharamond, qui n'a peut-être jamais existé, ou de Clodion et de Mérovée, sur lesquels nous savons si peu de chose.

Dagobert, Sigebert II, sur les empreintes oblitérées de leurs sceaux, n'ont presque plus figure humaine; cependant l'on y reconnaît encore la tête du roi chevelu, dont le type se maintient à travers les âges, et, de chaque côté de la face du premier, l'on distingue une petite croix latine[2] : l'eau du baptême a coulé sur ces fronts altiers; le fier Sicambre s'est incliné. Cette croix sera conservée par toute la dynastie, avec la rudesse primitive du dessin; et Pépin le Bref, le défenseur des papes, accentuera encore le caractère chrétien de sa royauté en arborant, comme emblème personnel, une tête de Christ couronnée d'épines, presque entièrement fruste sur la reproduction qui nous est parvenue[3].

L'empire carlovingien n'est que la résurrection de l'empire romain sous une autre forme. Charlemagne ne veut pour lui-même d'autre effigie que celle de quelques personnages antiques, et ses successeurs tiennent à se faire représenter, comme les empereurs, en buste lauré, vu de profil. Les couronnes de lauriers entourent jusqu'aux légendes : c'est que des victoires écla-

1. Coll. des Archives, nº 1.
2. *Ibid.*, nºs 2, 3.
3. *Ibid.*, nº 11.

tantes, mémorables, ont consolidé le trône des descendants de Pépin. Charles le Chauve, beaucoup mieux gravé déjà, comme nous l'ont montré plus haut ses bulles de métal, et comme en témoignent également ses sceaux de cire, nous offre tout à fait le type césarien[1]. Il s'en distingue cependant par une légère moustache, qui serait sans doute beaucoup plus épaisse s'il n'avait eu le système pileux fort peu développé, comme l'indique son surnom, car cet appendice naturel est le seul ornement authentique des figures carlovingiennes, et l'opinion qui prête à Charlemagne la longue barbe d'un Jupiter Tonnant est bien moins fondée sur ce que nous savons de ses véritables traits que sur la tête vénérable qui lui servait de sceau.

FIG. 38. — SCEAU DE CIRE DE CHARLES LE CHAUVE. (877.)

Mais ces premiers essais sont dépassés du premier coup à l'apparition du type de majesté. Le roi Robert, dont l'image est déjà bien plus complète, se montre jusqu'à la ceinture et avec un visage très personnel, long et barbu, vu de face. Il a la tête ceinte de la couronne royale, la couronne à trois fleurons, qui deviendra l'attribut principal des souverains de la race capétienne. Ses bras sont relevés, comme pour montrer le sceptre, qu'il tient de la main droite, et le globe, placé dans sa gauche. Un manteau

1. Coll. des Archives, nº 26.

à plis, jeté sur son épaule droite, retombe en pointe sur sa poitrine[1]. L'ensemble a un style *sui generis;* le relief est plus accusé, la gravure plus ferme. C'est, comme je le disais, un art nouveau qui s'annonce; c'est un véritable portrait.

FIG. 39. — SCEAU D'HENRI Ier.
(1035.)

Avec Henri Ier, le type apparaît grandi et avantageusement complété. Le personnage royal est toujours représenté de face. Il porte une longue barbe taillée en pointe; telle est, décidément, la mode de l'époque. Vêtu à peu près de même que son prédécesseur, il

1. Coll. des Archives, n° 31. Voy. plus haut, fig. 11.

tient dans ses deux mains levées un fleuron à trois lobes et un sceptre. Mais une innovation capitale le distingue : il est visible en entier; d'agrandissement en agrandissement, la petite tête, le buste, le mi-corps sont devenus un portrait en pied. De plus, il est assis sur un siège sculpté à jour, imitant un édicule à deux étages percé d'arcades romanes, et ses pieds, que le bas de la tunique laisse à découvert, reposent sur un escabeau [1]. Telle se montre, sous sa forme définitive, la figure de la monarchie capétienne. Ce n'est plus un chef barbare que nous avons sous les yeux, ce n'est plus un empereur d'Occident : c'est le roi de France (*Francorum rex*, comme dit la légende), type nouveau et personnalité nouvelle, destinés à jouer un certain rôle sur la scène du monde. Ce type durera sur les sceaux autant que la dynastie elle-même, en se perfectionnant d'âge en âge.

Sous Philippe Ier, par exemple, une première modification s'introduit, qui dénote la recherche de l'art. Le siège à arcades cède la place à un trône ou fauteuil dont les pieds sont formés de têtes et de pattes d'animaux [2]. On a prétendu que cet élément nouveau, plus visible et plus développé sur le sceau de Louis le Gros, était emprunté à un meuble historique, connu au moyen âge sous le nom de « fauteuil de Dagobert », et que le graveur avait voulu perpétuer ainsi la mémoire d'une relique des temps mérovingiens; cette forme de siège se maintient, en effet, sur le type de majesté, avec quelques

1. Coll. des Archives, n° 32.
1. *Ibid.*, n° 34.

variations, jusqu'à Philippe de Valois, et l'on en trouve encore le vestige altéré sous Charles V et Charles VII [1]. Le fait est que nos rois seuls ont été représentés sur cette espèce de trône à supports léonins, et que ces supports rappellent vaguement les panthères du célèbre fauteuil. Mais il faudrait, ce semble, des arguments plus forts pour faire croire à une imitation directe. Il paraît plus naturel que l'artiste ait reproduit simplement le fauteuil dont se servaient les rois de son temps, comme il a reproduit les autres objets à leur usage, et ces princes ont fort bien pu faire orner leur siège de têtes et de pieds d'animaux sculptés, sans pour cela se tenir, en mémoire de Dagobert, sur le meuble où il s'était assis, et qui devait leur sembler peu confortable.

Ces premiers Capétiens ont tous un visage allongé et un air de famille très reconnaissable. Mais le type originel disparaît avec Louis le Gros. Fils d'une princesse hollandaise, ce monarque semble avoir apporté sur le trône la tournure un peu épaisse et aussi la patiente énergie de la race à laquelle appartenait sa mère. Sa figure est plus large; sa barbe courte est taillée en carré. La gravure a encore une allure quelque peu primitive [2]. Mais, sous Louis VII, elle fait un saut. Les coups de burin sont plus nets, les traits mieux dessinés, les détails plus visibles. En même temps, l'ensemble de la physionomie se transforme de nouveau, pour

1. Voy. à ce sujet les *Mélanges d'archéologie* du P. Cahier, I, 185.

2. Coll. des Archives, n° 35. Voy. plus haut, fig. 22.

prendre l'aspect bien caractérisé qu'il gardera jusqu'à la fin du moyen âge. Les cheveux, qui étaient coupés courts, deviennent flottants et tombent sur les épaules; ils se raccourciront seulement un peu à partir de saint Louis. La face est entièrement rasée, et cependant paraît

FIG. 40. — SCEAU DE LOUIS VII (1175)

plus longue. Le fleuron que le roi tient de la main droite, ceux de la couronne et du sceptre affectent nettement la forme de la fleur de lis. Le manteau court ou *sagum*, bordé d'un galon d'or appelé *orfroi*, est retenu sur l'épaule droite par une agrafe ou un nœud d'étoffe et relevé sur le genou gauche de manière à former des plis; c'est l'avènement de la draperie dans l'imagerie des sceaux. La jupe de la tunique de dessus, qui tombait auparavant jusqu'à mi-jambe et cachait complètement la robe de dessous, est fendue sur les côtés, afin de laisser voir ce dernier vêtement, qui descend maintenant jusque sur les pieds[1]. C'est encore Louis le Jeune qui inaugure sur son contre-sceau le type équestre imité depuis par un bon nombre de ses successeurs; mais ce type est plutôt le propre des grands vassaux, le symbole de la féodalité guerrière, et c'est en qualité de duc d'Aquitaine que ce prince le place au revers de son effigie royale : aussi aurai-je à y revenir en parlant des sceaux des seigneurs.

Philippe-Auguste est un jeune homme à la mine fleurie, à l'air avenant. Il rappelle moins le vainqueur de Bouvines que l'esprit jovial auquel la tradition populaire a prêté tant de saillies et de bons mots. Il est vrai que chaque souverain, faisant graver son sceau à son avènement, y est naturellement représenté sous les traits qu'il avait à cette époque; par conséquent, il a presque toujours un aspect juvénile, à moins que, dans le cours de son règne, il n'ait fait renouveler la matrice. La draperie est ici mieux traitée; elle tombe jusqu'au-dessus des pieds, qui reposent sur un escabeau sculpté à jour[2]. Une fleur de lis à pistils apparaît pour la première fois sur le contre-sceau de ce roi; sur celui de son successeur, elle est remplacée par l'écu semé de

1. Coll. des Archives, n° 37.
2. *Ibid.*, n°s 38, 39.

fleurs de lis sans nombre, qui, si la cire et le métal pouvaient nous rendre leur ton doré avec la teinte azurée du champ, représenteraient exactement le drapeau national du temps.

FIG. 41. — SCEAU DE PHILIPPE-AUGUSTE. (1180.)

Avec saint Louis, nous touchons au grand art. On reconnaît les mêmes qualités que dans la sculpture et l'architecture du XIIIe siècle : style sobre, lignes simples, ornementation élégante sans richesse, pose naturelle et digne. Malheureusement, les empreintes qui nous sont parvenues laissent à désirer quant aux traits du visage, qui sont un peu déprimés [1]. Le costume est modifié dans un sens plus artistique. Le manteau prend l'aspect de l'antique chlamyde, et ses plis tombent verticalement;

FIG. 42. — SCEAU DE SAINT LOUIS.
(1240.)

il est bordé d'un large galon brodé de fleurs de lis, et ces fleurs de lis, comme celle qui est placée dans la main du roi, ont tout à fait la forme héraldique immobilisée depuis par la tradition. La tunique de dessus a

1. Coll. des Archives, nos 41, 42.

des manches larges, au lieu des manches étriquées de l'époque précédente ; celle de dessous retombe en plis assez serrés, pareils à ceux d'un jupon. Le trône paraît n'être qu'une espèce de pliant, simplicité bien conforme aux goûts du saint roi, qui s'asseyait par terre pour

FIG. 43. — SCEAU DE LA RÉGENCE, sous saint Louis (1270).

entendre les leçons des docteurs en théologie et pour rendre la justice à son peuple, sous les ombrages de Vincennes. Le sceptre est terminé par un fleuron de fantaisie, qui variera sous les règnes suivants, mais qui se maintiendra fort longtemps. Quant à la couronne, elle est peu visible sur la tête du prince ; mais elle est reproduite en grand sur le sceau de régence fait pour servir durant sa seconde croisade. Ici, elle forme le sujet principal, et elle occupe seule le milieu d'une rosace hexagone appartenant au style rayonnant. Le cercle est enrichi de pierreries, et quatre grandes fleurs de lis le

FIG. 44. — SCEAU DE LA RÉGENCE,
sous Philippe le Hardi (1285).

surmontent[1]. C'est sans doute là un de ces travaux d'orfèvrerie qui faisaient, au XIIIe siècle, la réputation des artistes parisiens. La même couronne se retrouve, entourée d'un cadre beaucoup plus riche, sur le sceau de régence de Philippe le Hardi[2].

1. Coll. des Archives, n° 43.
2. *Ibid.*, n° 46.

On a de saint Louis des représentations d'un autre genre. Le sceau des Quinze-Vingts nous le montre introduisant dans cet hospice célèbre quelques malheureux aveugles, et ces pauvres gens ne ressemblent en rien aux chevaliers pour lesquels la légende voulait qu'il l'eût fondé; ce sont bien des hommes du peuple, comme l'enseigne toute l'histoire de l'institution, et le roi seul porte au milieu d'eux les insignes de la grandeur, la couronne, le sceptre et le manteau. De même, sur le sceau des Dominicaines de Poissy, qui le prirent de très bonne heure pour leur patron, il apparaît couronné et, de plus, nimbé[1], revêtu de la dalmatique fleurdelisée, abritant, sous les larges pans de sa chape, des religieuses de proportions beaucoup plus réduites, suivant le système de certains miniaturistes, qui réglaient la taille de leurs personnages, non d'après les lois de la perspective, mais d'après leur rang social[2]. Toutefois le monarque très chrétien n'est véritablement entouré de l'appareil royal que sur le type de majesté, et c'est là, aussi bien que dans les récits de Joinville, qu'il faut le contempler unissant, à l'occasion, la pompe obligatoire à sa modestie naturelle.

Du reste, le luxe et la richesse du dessin deviennent, à partir de ce moment, les qualités les plus recherchées par les graveurs du sceau royal. Sur celui de Philippe III et de Philippe IV, la draperie et l'ornementation sont plus développées. Le premier de ces princes a un visage

1. Dès 1302, la tête de saint Louis était gravée sur le sceau de Pierre de Chambly avec la légende : *Sanctus Ludovicus*. (Coll. des Archives, n° 246.)

2. Voy. Wallon, *Saint Louis*, édition illustrée, p. 464 et suiv.

rond, ouvert, qui répond assez bien au caractère que l'histoire lui prête[1]. Le second, au contraire, a les traits un peu durs et l'expression sévère. Si ses con-

FIG. 45. — SCEAU DE PHILIPPE LE HARDI.
(1272.)

temporains l'appelèrent le Beau, c'est que la douceur n'était point pour eux l'idéal de la beauté. C'est bien là cet autocrate couronné, qui ne pouvait se courber

1. Coll. des Archives, n° 45.

sous le joug spirituel de Rome, et qui courba ses sujets sous le joug beaucoup plus lourd de l'impopulaire *maltôte*[1].

FIG. 46. — SCEAU DE PHILIPPE LE BEL.
(1286.)

Ses trois fils ont à peu près la même physionomie; mais leur face est bouffie, leur aspect moins imposant. Au lieu et place de la fleur royale, Louis le Hutin arbore le bâton de justice, surmonté de la main. Sa

1. Coll. des Archives, n° 47.

tunique est plus ample; elle flotte librement, sans ceinture, et recouvre de ses longs plis tout le vêtement de dessous. Son trône lui-même est orné d'une draperie plissée tombant jusqu'à terre. Mais, au-dessus de sa tête, on constate une addition plus importante : un petit clocheton gothique se dessine timidement, comme pour l'abriter, et cet ornement nouveau, qui n'a l'air de rien, est, en réalité, l'embryon du dais d'architecture appelé à protéger ses successeurs. De même, une petite tenture fleurdelisée, placée derrière la tête insignifiante de Philippe le Long, engendrera, en se développant, le *pavillon* monumental qui encadre toute la personne des souverains modernes [1].

Arrive la branche collatérale des Valois. L'ensemble du type de majesté demeure toujours le même; mais le visage redevient plus maigre et les traits plus prononcés, en particulier sur le sceau du roi Jean. L'étude du règne animal s'étend et se perfectionne, comme sur les miniatures contemporaines. Le trône est flanqué de deux aigles ou de deux dauphins; les pieds du roi s'appuient sur deux lions, couchés dans une attitude naturelle. Entre les grands fleurons de la couronne se glissent des ornements plus petits, affectant à peu près la même forme, ou des perles montées. Il est curieux de rapprocher cet attribut capital de la royauté, ainsi que le sceptre et le bâton, tels qu'ils se présentent sur le sceau de Charles V, par exemple, des descriptions écrites contenues dans les inventaires de l'époque [2]

1. Coll. des Archives, nos 49, 51.
2. Voy. Demay, *le Costume d'après les sceaux*, p. 84, 86.

Mais plus intéressante encore est la confrontation du portrait offert par ce superbe sceau avec ceux que nous ont laissés les peintres sur vélin, dont le pinceau a multiplié la figure du sage monarque. La miniature est peut-

FIG. 47. — SCEAU DU ROI JEAN II.
(1353.)

être plus fidèle quant aux détails de la physionomie, et le secours de la couleur l'y aide puissamment; mais la gravure sur métal, chargée d'exécuter une image d'apparat, une représentation officielle, a fait une œuvre plus artistique; ses lignes sont plus nobles, son dessin plus avancé [1]. Et, malgré ces différences, il est facile de constater entre les deux genres des rapports étroits, bien propres à nous confirmer dans l'idée que l'un et

FIG. 48. — SCEAU DE CHARLES V. (1365.)

l'autre ont reproduit directement l'original, car on ne saurait admettre que le graveur ait imité le peintre ou réciproquement.

1. Coll. des Archives, n° 63. Cf. *les Manuscrits et la miniature* fig. 52 à 54.

Sous Charles V apparaissent encore d'autres nouveautés. Sur le sceau inventé pour servir « en l'absence du grand », le roi se présente pour la première fois debout, mais le bas du corps caché par l'écu de France

FIG. 49. — SCEAU « EN L'ABSENCE DU GRAND », sous Charles V (1376).

à trois fleurs de lis; le tout est enfermé dans un riche encadrement quadrilobé, où se jouent deux dauphins, emblème très souvent joint aux attributs royaux depuis l'annexion du Dauphiné. Ce type particulier se maintient jusqu'à Louis XI[1]. Le sceau employé pour les affaires du même pays, seconde innovation, présente un type armorial d'une grande recherche, où, autour de l'écu royal et delphinal, dans une rosace à huit

FIG. 50. — SCEAU « EN L'ABSENCE DU GRAND », sous Charles VII (1444).

lobes, se mêlent les lions, les griffons, les aigles, et aussi les hommes sauvages, si communs dans les manuscrits à peintures depuis les premiers voyages lointains accomplis par des Européens[2].

1. Coll. des Archives, nos 64, 69.

2. *Ibid.*, n° 65.

Charles VI, Charles VII sont abrités sous un dais d'architecture de plus en plus développé, qui finit par faire corps avec le siège du souverain; car l'antique

FIG. 51. — SCEAU DE LOUIS XI.

1465.)

banc à têtes et à pieds d'animaux disparaît alors pour faire place à la *chaière* gothique en bois sculpté, munie d'un dossier et surmontée d'un ciel de semblable façon[1]. Puis la tenture fleurdelisée vient rejoindre ce couron-

1. Coll. des Archives, nos 68, 73, 74.

nement du trône, et ainsi se trouve formé tout naturellement, par une suite continue de perfectionnements et d'embellissements, le large manteau ou *pavillon* à dais, qui sera désormais le cadre indispensable de la majesté royale. C'est la figure de Louis XI qui se détache la première sur ce fond somptueux, encore à l'état d'embryon cependant. On sait que ce prince affectait une grande simplicité dans l'ordinaire de la vie; mais, lorsqu'il s'agissait de représenter, il déployait, au contraire, un faste sans pareil. Rien n'était plus propre à rehausser le prestige du roi aux yeux de ses sujets que ce nouveau type de sceau, où son image apparaît comme au fond d'un sanctuaire, enveloppée dans un nuage d'azur et d'or.

C'est surtout à partir de Charles VIII que le pavillon prend cette tournure et semble couvrir de ses plis relevés la personne du souverain. En même temps, le costume de ce dernier s'enrichit d'un camail d'hermine, posé par-dessus le manteau et la robe; car, malgré l'avènement des habits courts dans les habitudes journalières, les vêtements d'apparat conservent toujours l'ancienne forme, longue et flottante. Puis, dans sa main droite, appuyée sur ses genoux, on commence à voir le globe d'or qui symbolise la suprême puissance[1]. Toutes ces transformations sont le reflet de la métamorphose subie par la royauté elle-même. Le régime libéral et paternel du moyen âge s'en va; l'autocrate moderne arrive. Plus de familiarité entre le peuple et le prince; le premier apprend à redouter

1. Coll. des Archives, nos 86, 87.

son maître, et le second, soit dit sans jeu de mots, se retire sous sa tente.

Le règne des sceaux finit, comme on l'a vu, au XVIe siècle. Mais, pour les souverains, il se prolonge,

FIG. 52. — SCEAU DE CHARLES VIII.
(1497.)

en fait, jusqu'à nos jours, car les chancelleries d'Etat n'ont pas cessé d'être nécessaires. C'est donc à tort que les savants qui se sont occupés de sigillographie ont laissé en dehors du cadre de leurs éclaircissements les sceaux des souverains qui ont régné depuis cette époque. Sans prétendre combler une lacune aussi regrettable, j'essayerai du moins de compléter la revue que je viens de passer par un coup d'œil rapide

FIG. 53. — SCEAU DE FRANÇOIS Ier.
(1517.)

sur les types usités durant ces trois derniers siècles.

Le talent des graveurs, stationnaire depuis que les malheurs de la guerre de Cent ans avaient arrêté chez nous l'essor des arts, se relève légèrement sous Louis XII. Du moins, la bulle d'or où ce roi est représenté couvert d'un manteau fleurdelisé, coiffé de l'inélégant chaperon conforme à la mode de son temps, tenant le sceptre à droite et le globe à gauche, sur un champ « semé de France, au quartier de Jérusalem », atteste un progrès réel dans le dessin et dans le relief[1]. Mais c'est là un type exceptionnel, créé, suivant toute apparence, pour les besoins de l'expédition d'Italie, et tout à fait en dehors de la série régulière. Louis XII a cependant son sceau de majesté, peu différent de celui de ses prédécesseurs immédiats. François Ier figure sur le sien sous les traits d'un jeune homme imberbe (1517); mais, dès l'année suivante, il revêt, sur le sceau « en l'absence du grand », la physionomie historique popularisée par tant d'artistes célèbres : visage allongé, barbe en pointe, à peu près le physique des premiers Capétiens, disparu depuis cinq cents ans[2].

Henri II, plus reconnaissable encore, se détache sur un fond beaucoup plus riche. Le pavillon qui l'abrite est supporté par deux anges à demi vêtus, dont les ailes semblent s'agiter. L'influence de la Renaissance se fait sentir ici pour la première fois, et d'une façon indiscutable : ces anges ressemblent déjà à des amours. La couronne royale est fermée; nouvel emblème de la royauté absolue[3]. Sous le règne suivant, la tendance néo-païenne achève de se faire jour. Mais quelle charmante idée de réunir dans un même sujet François II et sa jeune épouse, tous deux assis sur le même trône

1. Coll. des Archives, n° 91. Voy. plus haut, fig. 3?.
2. *Ibid.*, n°s 93, 94.
3. *Ibid.*, n° 98.

et protégés par le même pavillon, portant même sceptre, même couronne, même main de justice, égaux, en un mot, par la puissance comme par l'amour[1]!

FIG. 54. — SCEAU D'HENRI II.
(1548.)

Assurément, c'était déroger à la règle; mais la touchante figure de Marie Stuart n'a-t-elle pas une place à part dans la gracieuse lignée de nos souveraines? Et ne méritait-elle pas un privilège exceptionnel, celle

1. Coll. des Archives, nº 100.

qui ne fit que passer sur le trône de France pour aller mourir, elle aussi, victime de la calomnie et de la cruauté anglaise?

Charles IX, Henri III reprennent le type tradition-

FIG. 55. — SCEAU DE FRANÇOIS II ET DE MARIE STUART. (1559-1560.)

nel. Mais le dessin de leurs sceaux devient plus confus; la complication des lignes leur ôte beaucoup de leur caractère spécial et en fait des sujets de gravure ordinaires. Au milieu de ce fouillis de creux et de reliefs, de contours et de plis tourmentés, le personnage royal perd de son importance, et les deux anges qui soutiennent le pavillon en gagnent à ses dépens. Ce sont maintenant de vrais Cupidons : de l'aile et du vêtement, il ne leur reste qu'un léger souvenir[1]. Le cardinal de Bourbon lui-même, ce souverain éphémère reconnu par la Ligue sous le nom de Charles X, trône entre deux amours joufflus qui présagent déjà l'école de Boucher. Mais son effigie offre une particularité plus curieuse encore : la tête a été enlevée, et cette ablation a été faite, non sur l'empreinte, dont nous ne possédons pas d'exemplaire, mais sur la matrice même, conservée actuellement par l'administration de la Monnaie[2]; de sorte qu'il y a lieu de supposer qu'elle aura été ordonnée par Henri IV après son avènement, en même temps que la suppression des monnaies frappées par le roi des ligueurs.

Les empreintes des premiers Bourbons nous sont parvenues dans un triste état, en raison de la mauvaise qualité de la cire employée de leur temps. Comme l'on n'attachait plus autant d'importance à cette marque d'authenticité, remplacée partout par la signature, on se préoccupait moins d'en assurer l'intégrité ou la durée. Cette circonstance nous prive malheureusement du portrait d'Henri IV, devenu presque entièrement fruste[3], et d'une partie de ceux de Louis XIII, qui eut successivement plusieurs sceaux de majesté. Un seul de ces derniers, daté de 1642, nous restitue fidèlement

1. Coll. des Archives, n°s 101, 102.
2. *Ibid.*, n° 104.
3. *Ibid.* n° 106.

la physionomie et le costume royal : visage mince, cheveux longs, barbiche en pointe, collerette épaisse, camail et manteau d'hermine, relevé de façon à découvrir une jambe, l'épée nue à la main, deux grands

FIG. 56. — SCEAU DE LOUIS XIII. (1642.)

lions sous les pieds, et, de chaque côté, deux amours de haute taille, tout debout, qui se retrouvent à peu près pareils sur le contre-sceau, à droite et à gauche de l'écusson de France[1].

1. Coll. des Archives, nº 111.

Louis XIV se servit surtout de cachets et de sceaux secrets au type armorial. Indépendamment du sceau delphinal, où il est représenté à cheval, dans une pose qui rappelle celle de la statue d'Henri IV sur le terre-

FIG. 57. — SCEAU DE LOUIS XIV. (1643.)

plein du Pont-Neuf, son long règne ne nous a légué qu'un seul type de majesté, datant de l'année même de son avènement (1643.) Il y est, par conséquent, figuré sous les traits d'un tout jeune enfant, dont la face épanouie contraste avec l'appareil majestueux qui l'entoure. Les personnages qui relèvent la draperie du dais (je ne sais plus de quel nom les appeler) ont repris un caractère un peu plus religieux[1]. Les deux premiers sceaux de Louis XV sont absolument semblables, n'étant aussi que la représentation d'un enfant couronné (1718). Sur leur contre-sceau comme sur les cachets du même prince, l'écu fleurdelisé est entouré du collier des ordres du roi[2]. Mais les empreintes de tous ces types sont très défectueuses.

Il nous reste de Louis XVI deux sceaux de majesté, l'un antérieur, l'autre postérieur à la Constitution de 1790[3]. Toutefois, en dehors des formules ou de la légende, ils n'offrent entre eux aucune différence. La gravure est en progrès ; on reconnaît déjà le soin et la recherche des artistes modernes ; mais la ressemblance laisse fort à désirer, car, même dans les premières ant nées de son règne, l'infortuné monarque avait les traits beaucoup plus accusés, comme le prouvent notammen- les médailles frappées à l'occasion de son mariage. Le pavillon est presque entièrement relevé et laisse voir, au-dessus de la tête royale, une sorte d'arcade surbaissée, qui ne semble pourtant pas appartenir à ce qu'on est convenu d'appeler un fauteuil Louis XVI. Les lions ne sont plus sous les pieds du roi, mais de chaque côté du trône, et presque sous les pieds des anges, dont la

1. Coll. des Archives, n° 116.

2. *Ibid.*, nos 127 et 127 *bis*.

3. La matrice du premier, conservée en prévision d'une contre-révolution, et confiée à Mme Campan au moment du départ de Louis XVI pour le Temple, fut jetée dans la Seine à l'approche d'une visite domiciliaire. (*Mém. de Mme Campan*, II, 265.)

forme plus humaine atteste un retour marqué vers l'étude de la nature[1].

Ici finit la longue série des types de majesté proprement dits ; car, si Louis XVIII s'en fit graver un pen-

FIG. 58. — SCEAU DE LOUIS XVI.
(1790.)

dant l'émigration, sur le modèle de celui de son frère, il est d'une exécution si mauvaise, qu'il peut à peine compter, et les gouvernements qui suivirent n'eurent plus que des types de fantaisie. L'ancienne tradition

4. *Ibib.*, n°s 133, 134.

avait complètement disparu; dernier signe des temps. Après la république, une grande et forte Athénienne, à la tête petite, à l'expression sévère, s'appuyant de la main gauche sur des faisceaux, tenant de la droite une

FIG. 59. — SCEAU DE LA RÉPUBLIQUE.
(1793.)

lance surmontée d'un bonnet en forme de ruche, qui, chose bizarre, ne se métamorphosera en bonnet phrygien que sous le consulat de Bonaparte[1], vient le Napoléon sur le trône dessiné par Denon, vu de face,

1. Coll. des Archives, nos 137, 138.

couronné de lauriers et vêtu à l'antique, derrière lequel une draperie tendue, surmontée d'une énorme couronne, rappelle encore vaguement le pavillon des rois de

FIG. 60. — SCEAU DE NAPOLÉON Ier.
(1808.)

France; puis la figure plus démocratique du Napoléon des Cent-Jours, vu de profil, tenant toujours le sceptre et la main de justice, mais n'ayant plus ni couronne ni tenture[1]; puis Louis XVIII et Charles X, rois modernes,

1. Coll. des Archives, nos 140, 144.

en costume plus conforme à la réalité, couronnés encore, mais dépourvus de toute espèce de dais et de pavillon, l'épée au côté, une jambe découverte, suivant la mode adoptée depuis le XVIIe siècle dans les portraits officiels[1]; puis enfin Louis-Philippe, le roi citoyen, qui n'a plus absolument aucun attribut de la souveraineté et se contente d'une simple tête de profil, avec la Charte au revers[2]. Ce n'est plus là un sceau ; c'est un banal médaillon de plâtre. Napoléon III acheva d'effacer les derniers souvenirs du grand sceau royal en cessant de faire graver sur le sien son effigie personnelle. L'aigle impériale sur champ d'azur, entourée du cordon de la Légion d'honneur, remplaça sur les sceaux de l'État la représentation du type humain[3]. Il ne restait plus rien de la vieille monarchie qui, durant de si longs siècles, s'était incarnée dans un individu, dans un visage.

Les souverains étrangers suivirent presque toujours la mode adoptée par les rois de France; rarement ils la devancèrent. Ainsi le type de majesté se retrouve, à une époque très ancienne, chez la plupart des nations de l'Europe, avec quelques légères variantes, et aussi avec les différences de talent ou d'imagination qui distinguaient chaque école. Une des plus remarquables et des plus fécondes a été, comme je le disais, l'école anglaise. Une splendide publication, tout récemment éditée à Londres, nous a révélé dans les sceaux des rois d'Angleterre des merveilles de finesse et d'habileté, si-

1. Coll. des Archives, nos 145, 146.
2. *Ibid.*, n° 147.
2. *Ibid.*, n° 150.

non de goût[1]. Leur longue série remonte jusqu'à Offa, roi de Mercie (790), dont le buste, vu de profil, exprime la mélancolie familière aux habitants des brumeuses régions du nord. Toutefois elle ne commence régulièrement qu'au XIe siècle, avec Édouard le Confesseur. Ce prince, à l'exemple d'Henri Ier de France, son contemporain, inaugure la représentation assise; il fait même répéter ce type de majesté, avec de légères variantes, et sur la face et sur le revers, contrairement à l'usage adopté par nos souverains. Il porte une large barbe taillée en pointe; mais quelquefois il est imberbe. D'une main il tient l'épée, de l'autre le globe. Les empreintes de ses sceaux, moins bien conservées que celles de nos rois, dénotent aussi un art moins avancé; mais elles sont très curieuses[2].

Henri Ier d'Angleterre, assis sur un fauteuil en bois sculpté, manque encore de proportions. Sous Henri II seulement, la gravure et le dessin deviennent un peu meilleurs. Le dais au-dessus du trône se montre dès le règne d'Édouard III, et l'encadrement gothique à partir de celui d'Henri V. J'ai déjà eu l'occasion de signaler la bulle d'or d'Henri VIII. La large face de ce tyran égoïste et sensuel, son attitude raide y sont rendues avec beaucoup d'exactitude; c'est un type physique qui est demeuré dans la race anglaise. Le motif d'ar-

1. *The great seals of England*, par MM. Wyon père et fils, Londres, 1887, in-f°.

2. Même ouvrage, n° 56. Je reproduis de préférence la photographie donnée dans le recueil anglais, parce que l'exemplaire des Archives nationales (n° 9997 de la collection) est plus défectueux.

FIG. 61. — SCEAU A DEUX FACES D'ÉDOUARD LE CONFESSEUR, ROI D'ANGLETERRE. (1053-1065.)

chitecture qui l'entoure appartient à la pure Renaissance, et, dans les guirlandes qui s'y mêlent, se jouent des amours très finement ciselés. Sous ses pieds, l'on distingue un écusson chargé d'une rose. Au revers, des roses encore, et des lacs d'amour formant avec elles un élégant collier, au milieu de la fameuse jarretière. C'est le comble de la recherche; mais le luxe des détails produit un ensemble un peu lourd.

La reine Marie siège sur un véritable trône, surmonté d'un dais d'étoffe : c'est qu'en Angleterre la souveraine, à défaut du roi, exerce la puissance suprême et jouit de toutes les prérogatives de la couronne. Aussi voit-on sur d'autres sceaux cette même princesse, et ensuite la célèbre Élisabeth, montant des chevaux richement caparaçonnés. Le portrait équestre finit même par éclipser chez leurs successeurs le type de majesté. Celui-ci devient moins soigné et ne reprend tout son éclat que sous les derniers règnes. Georges III, Guillaume IV et la reine Victoria elle-même, plus jaloux de maintenir les vieilles traditions nationales que ne l'ont été les derniers souverains de notre pays, ont été représentés assis dans tout l'appareil royal, entourés de personnages antiques qui ne sont peut-être pas tout à fait à leur place, mais avec une perfection de dessin et de ressemblance propres à donner une haute idée des graveurs anglais de notre siècle[1].

En Allemagne, l'art se développe plus tard encore et n'atteint pas à la même finesse. Au milieu des élégances du XIIIe siècle, l'effigie de l'empereur Henri VII

1. Même ouvrage, nos 101, 108, 114, 154, 163, 173, etc.

conserve un caractère primitif qui détonne; il siège avec un raideur toute byzantine, et ses bras à demi tendus semblent jongler avec le sceptre et le globe [1]. Celle de Frédéric II a un peu plus de mouvement; et pourtant l'œil est encore frappé de sa ressemblance étrange avec les types gravés ou peints par les artistes du Bas-Empire [2]. C'est là, sans doute, une figure de convention; le redoutable potentat qui rêvait la domination de l'univers aura voulu, à dessein, se faire représenter sous les traits d'un empereur romain ou byzantin. La physionomie générique du Germain, du barbare à peine dégrossi, reparaît, après lui, avec Charles de Bohême, personnage épais, ventru, à barbe inculte, portant une couronne en forme de mitre, entourée d'une espèce d'auréole. A sa droite et à sa gauche, deux aigles, symboles de la toute-puissance nouvellement apparus sur les sceaux allemands, tiennent dans leur bec des écussons aux armes du prince [3]. On ne saurait étaler plus manifestement, ni plus lourdement non plus, les tendances et les prétentions du Saint-Empire. Dans les temps modernes seulement, nous constatons chez les graveurs de cette contrée un effort sérieux vers le beau. Le sceau de l'empereur Maximilien, par exemple, est un tableau d'ensemble où se trahit une idée artistique: en faisant asseoir à côté de lui, dans une pensée politique, l'archiduc Charles, son petit fils et son héritier, ce prince a fourni au graveur un sujet de groupe, chose rare dans les monuments de cette espèce, et d'un effet

1. Coll. des Archives, n° 10888.
2. *Ibid.*, n° 10886. Voy. Demay, *le Costume*, p. 7, fig. 1.
3. *Ibid.*, n° 10900.

nouveau ; les deux personnages, tout en faisant face au spectateur, sont légèrement tournés l'un vers l'autre et posés avec assez de bonheur[1]. La bulle d'or de Ferdinand III est encore mieux exécutée. Sous un dais

FIG. 62. — SCEAU DE MAXIMILIEN, EMPEREUR D'ALLEMAGNE, ET DE SON PETIT-FILS CHARLES. (1513.)

pompeux et au milieu d'une colonnade du style classique, qui rappellent tout à fait la décoration des autels du XVIIe siècle, l'empereur trône dans toute sa majesté. Sa barbiche en pointe, son épaisse collerette,

1. Demay, *Sceaux de Flandre*, n° 34.

son camail largement échancré lui donnent un faux air de Richelieu, et, n'était la couronne fermée qui brille sur sa tête, on se croirait en face du terrible cardinal. Il est fâcheux seulement que les reliefs de l'empreinte soient si peu accusés, et que l'importance des accessoires ait forcé l'artiste à réduirecon sidérablement les proportions du personnage, qui, dans les représentations sigillaires bien entendues, occupe toujours la plus grande partie du champ[1].

Nous trouvons le même défaut dans le superbe sceau de Jean II de Danemark (1499). Mais ici, du moins, le métal a été taillé plus profondément, et la cire en a rendu les creux par des saillies aussi fines que vives. Le dais d'architecture qui surplombe au-dessus de la tête royale ressort à un demi-centimètre du fond. Le prince, assis sur un fauteuil sculpté, paraît imberbe et porte les cheveux très longs ; sa couronne est ouverte et basse ; ses vêtements sont recouverts d'un ample manteau à plis épais. Autour de lui, on distingue deux rangées de minuscules chevaliers et une série de dix écussons aux armes du personnage, qui s'intitulait modestement « roi de Danemark, de Suède et de Norwège, roi des Slaves et des Goths, duc de Sleswig et de Holstein, de Stormarsen et de Ditmert, comte d'Oldenborch et de Delmenhorst[2] ».

Plus de luxe encore règne dans celui du roi de Pologne Ladislas VI (1433), qui se rapproche sensiblement du précédent pour le relief, le style et l'ordon-

1. Coll. des Archives, n° 10929. Voy. fig. 31.
2. *Ibid.*, n° 11209.

nancement général. Le dais est plus somptueux et ressemble à une gigantesque couronne suspendue au-dessus du prince, dont les traits caractéristiques et les longues moustaches attestent la nationalité. De chaque côté,

FIG. 63. — SCEAU DE JEAN II, ROI DE DANEMARK. (1499.)

un jeune homme et une jeune femme très délicatement ciselés, mais de proportions moindres, semblent s'incliner vers la majesté royale. Le fond est couvert de guillochures[1]. Pas une place n'a été laissée vide sur ce champ de 12 centimètres ; le burin a travaillé jusqu'au

1. Coll. des Archives, n° 11188.

plus petit coin. On ne s'attendrait pas, à coup sûr, à rencontrer une œuvre de patience et d'ingéniosité comme celle-là au fond d'un pays aussi reculé et qui, au xve siècle, confinait encore à la barbarie.

FIG. 64. — SCEAU DE LADISLAS VI, ROI DE POLOGNE. (1433-1444.)

En Italie, au contraire, et en général dans la région du midi, nous trouvons peu de compositions à admirer. (Je ne parle pas des bulles pontificales ni des sceaux des puissantes cités italiennes, que nous rencontrerons plus loin sur notre chemin et qui sortent, d'ailleurs, de la catégorie des représentations personnelles.) Le Cabinet des médailles possède, à la vérité, une bulle d'or de Charles Ier d'Anjou, roi de Sicile, dont l'exécution est assez remarquable. Son type rappelle singulièrement le sceau de majesté des rois de France, ce qui se comprend de reste; mais le travail paraît avoir été fait en Italie, à en juger par les rapports qu'il offre avec les monnaies de ce pays et de cette époque. A Venise, on gravait sur les matrices l'effigie des doges, et cela dès le commencement du XIVe siècle; toutefois c'était moins un portrait qu'une image de convention. Ainsi Pierre Gradenigo (1306) est figuré « debout, en costume byzantin, tenant de la main droite une bannière qui le sépare de saint Marc, en costume d'évêque, debout dans sa *cathedra*, tenant dans sa main gauche le livre de son évangile et de sa main droite la bannière déjà tenue par le doge[1] ». Antoine Venerio, son successeur (1393), est présenté dans la même attitude; il reçoit l'étendard des mains de saint Marc, debout aussi, devant un trône garni d'un coussin[2]. Mais comment croire que ces pe-

FIG. 65. — SCEAU DE PIERRE GRADENIGO, DOGE DE VENISE. (1306.)

1. Coll. des Archives, n° 11721.
2. Demay, *Sceaux de la Flandre*, n° 44.

tites médailles de quarante millimètres, où sont reproduits côte à côte deux personnages d'égale taille, nous donnent des portraits fidèles, lorsque nous savons déjà que le costume des personnages n'est pas italien?

Je ne dirai rien des sceaux des comtes ou ducs de Savoie, dont MM. Cibrario et Promis nous ont donné de si bonnes descriptions et de si mauvaises reproductions, parce que ces princes, n'étant pas souverains à l'origine, n'ont pas eu de type de majesté. Mais il n'en est pas de même de ceux qui ont régné sur les différentes parties de la péninsule ibérique. Au contraire, la gravure sigillaire est, au moyen âge, plus répandue et plus féconde en Espagne qu'en Italie. Seulement, elle traite moins bien le personnage que l'architecture, et elle ne paraît arriver au sentiment artistique, dans cette spécialité, qu'à une époque assez tardive. Les rois d'Aragon, cependant, usent du type de majesté dès le début du XIIIe siècle. Ils ont souvent une épée posée en travers sur leurs genoux, et un trône formé par des loups ou des hommes sauvages ; les accessoires qui les entourent sont, en général, bien traités. En Castille, ce type est moins commun que le sceau équestre et le sceau armorial. Mais, à partir du moment où les rois d'Espagne établissent leur domination sur la Flandre et où leurs graveurs se trouvent en contact avec ceux des Pays-Bas, il s'améliore chez eux d'une manière sensible. On en a une preuve dans la belle effigie de Philippe IV que Demay a rapportée des Archives du Nord et fait reproduire par la photographie [1].

1. Demay, *Sceaux de la Flandre*, n° 38.

Enfin, les souverains d'Orient, les empereurs de Constantinople, les rois de Chypre, de Jérusalem, d'Arménie ont imité de loin les rois de France, auxquels les rattachaient des rapports si étroits. Les empereurs grecs, à la vérité, se sont longtemps bornés à décorer leurs sceaux de leur nom et de leur buste diadémé, avec le Christ ou la Vierge au revers, type se rapprochant beaucoup des monnaies byzantines, et les Comnène se sont plutôt fait représenter debout, en costume impérial. Mais les empereurs latins qui leur ont succédé ont adopté la mode française : ils sont assis sur un trône en forme de banc à dossier, le sceptre et le globe en main, sans autre ornement toutefois, et sans accompagnement d'aucune sorte, c'est-à-dire dans un appareil beaucoup moins imposant, en dépit de la dignité supérieure dont ils étaient revêtus. Tel est le type de majesté de Philippe, fils de Baudouin II, un des rares princes de cette dynastie dont l'effigie nous soit parvenue. Au revers, il est figuré à cheval, comme beaucoup de nos rois, avec les armes du royaume de Jérusalem [1]. Mais la gravure est plus médiocre qu'on ne l'attendrait d'un pays où les arts avaient si longtemps fleuri. Quant aux souverains des principautés chrétiennes d'Orient, le nombre des empreintes ou des bulles de métal qu'ils nous ont léguées est encore plus réduit. Nous savons toutefois, par des descriptions écrites, que le grand sceau royal a également fait école chez eux, et que, pour les détails, leurs graveurs se sont inspirés, comme à Constan-

1. Coll. des Archives, n° 11829.

tinople, de l'image reproduite sur leurs monnaies[1].

L'image de la reine n'a jamais été environnée du même appareil que celle du roi ; le type de majesté n'existe point pour elle. Elle est toujours représentée debout, excepté au XVIIIe siècle ; attitude éminemment favorable aux arts dans lesquels la ligne est tout. Il en est ainsi, du reste, pour la grande majorité des femmes, ce qui nous donne l'explication de la forme allongée ou ogivale adoptée généralement pour leurs sceaux.

C'est au XIIe siècle que les graveurs commencent à s'essayer au portrait des reines. Dès le début, ils placent dans leurs mains une fleur et sur leur tête une couronne ; ce sont là leurs seuls attributs. Elles sont habillées d'un *bliaud* ou tunique de dessus (celle de dessous est invisible), de forme très étroite, ajusté aux bras ainsi qu'au corsage, et retenu à la taille par une ceinture ; par-dessus, une chape un peu plus courte, rattachée par une agrafe sur le milieu de la poitrine. Constance de Castille, deuxième femme de Louis VII, la première qui nous apparaisse sous ce costume, est assez naïvement dessinée[2]. Mais, dans la figure d'Isabelle de Hainaut, épouse de Philippe-Auguste, la pose est plus naturelle et la draperie mieux traitée. Le manteau, bordé d'orfrois, est rattaché à la ceinture. Les cheveux, séparés en bandeaux, se laissent voir sous une espèce de guimpe, et déjà le sceptre vient s'ajouter aux

1. Voy. la *Revue archéologique*, an. 1854, p. 630 et suiv. ; 1858, p. 82 et suiv., etc.

2. Voy. plus haut, fig. 17.

insignes précédents[1]. La reine tend à devenir un per-

FIG. 66. — SCEAU DE BLANCHE DE CASTILLE, REINE DE FRANCE.
(Vers 1248.)

sonnage de plus en plus important, aussi bien dans la société que dans l'iconographie contemporaine.

1. Coll. des Archives, n° 153.

Elle fait un pas énorme après la régence de Blanche de Castille, cette femme de tête et cette mère ambitieuse, qui, par son heureuse politique, comme par l'éducation donnée à son fils, contribua plus qu'aucune autre à augmenter le prestige exercé naturellement sur les Français par leurs souveraines. Blanche elle-même est encore représentée avec une grande simplicité[1]; mais à peine a-t-elle passé sur le trône, que l'image de la reine est placée par l'admiration de ses sujets sous une arcature gothique, et bientôt dans une véritable niche, aussi élégamment sculptée que celle des saints. Marguerite de Provence se montre à nous sous cette espèce de dais, dont les rois eux-mêmes n'obtiendront les honneurs qu'au siècle suivant. L'arcade à trois cintres est soutenue par deux minces colonnettes, reposant sur un socle, au-dessous duquel on

FIG. 67. — SCEAU DE MARGUERITE DE PROVENCE, REINE DE FRANCE. (1294.)

1. Demay, *Sceaux de Normandie*, n° 2.

distingue une tête d'ange[1]. Sur le sceau de Marie de Brabant, femme de Philippe le Hardi, les colonnettes

FIG. 68. — SCEAU DE BLANCHE DE NAVARRE, REINE DE FRANCE. (1368.)

se transforment en piliers, surmontés de légers clochetons. Enfin, sur ceux de Jeanne d'Évreux, épouse de

1. Coll. des Archives, nº 154.

Charles le Bel, de Blanche de Navarre, deuxième femme de Philippe de Valois, la niche est complètement formée et présente tout le luxe, toute la richesse des églises du style rayonnant, y compris les fenêtres et les vitraux. Deux écussons, l'un *de France,* l'autre *d'Évreux* ou *de Navarre coupé d'Évreux,* sont plaqués sur les montants de cette petite châsse, découpés comme une dentelle. Le costume de la reine est aussi plus somptueux, et les bords du manteau s'écartent sur la poitrine pour mieux faire voir la beauté de la tunique, dont les plis serrés descendent tout droit, depuis l'échancrure du col jusque sur les pieds[1].

Ce genre d'encadrement, qui trahit des sentiments d'adoration bien oubliés de nos jours, se répand presque aussitôt à l'étranger. Dès l'an 1336, nous le voyons appliqué à l'image de Jeanne de France, reine de Navarre, avec un raffinement d'élégance. Le personnage lui-même, qui, dans les deux types précédents, avait encore des proportions trop courtes, est ici aussi élancé que bien posé. La tête est d'une délicatesse très remarquable, que font ressortir admirablement la netteté et l'intégrité de l'empreinte. De chaque côté, les vitraux sont remplacés par de tout petits anges, plus fins encore, qui occupent des niches minuscules et soutiennent les écussons. Le dais qui couronne l'ensemble est d'une légèreté aérienne. Ce sceau est un des plus beaux de la collection des Archives. Il n'est guère possible de rencontrer une composition plus harmonieuse ni un modèle plus approprié à la grâce féminine. A la vérité, bien qu'il reproduise la

1. Coll. des Archives nos 161 et 164.

figure d'une reine de Navarre, il appartient encore à l'école française : Jeanne, ne l'oublions pas, était fille de France, et son mari était lui-même de la maison des comtes d'Évreux; le style, d'ailleurs, est tout à fait celui de notre architecture nationale[1].

FIG. 69.
SCEAU DE JEANNE DE FRANCE, REINE DE NAVARRE.
(1336.)

Au contraire, la niche qui abrite, en 1369, Éléonore de Sicile, reine d'Aragon, et qui est placée au milieu d'un cercle, présente manifestement le caractère espagnol. Elle semble, néanmoins, procéder aussi de la mode française. Seulement l'attitude naturelle que nos artistes savent si bien donner à leurs personnages fait ici place à une pose légèrement renversée, qu'on retrouve, du reste, assez souvent dans

1. Coll. des Archives, nº 11386.

les miniatures. Aux lignes verticales sont substituées des lignes contournées, aux fleurons de la couronne des espèces de dards terminés par autant de petites croix, à la fleur de la main gauche un globe terrestre[1]. Nous

FIG. 70. — SCEAU D'ÉLÉONORE DE SICILE, REINE D'ARAGON. (1369.)

sommes en présence d'un autre ordre d'idées et d'un art différent.

Une autre princesse du temps, Jeanne de Bourgogne,

1. Coll. des Archives n° 11232.

première femme de Philippe de Valois, est enfermée dans une jolie rosace, que surmonte un dais formé de cinq arcades inégales. Elle tient de la main gauche une fleur à longue tige, et son manteau, dont la partie supérieure paraît nouée autour de la taille, retombe en plis beaucoup plus savants. Autour d'elle, des anges relèvent d'un geste très naturel une tapisserie à petit dessin, et au-dessous deux hommes sauvages, velus, soutiennent les écussons de France et de Bourgogne. C'est un genre tout nouveau, où les motifs d'architecture gothique se marient heureusement aux variétés les plus opposées du type humain [1].

Au XVe siècle, on voit disparaître la niche gothique dont les graveurs avaient tiré de si beaux effets, et l'on ne saurait le regretter, car l'architecture perd à ce moment ses plus brillantes qualités. En revanche, la tapisserie placée derrière le personnage gagne en importance et tend visiblement, comme sur les sceaux des rois, à devenir un *pavillon;* mais elle n'en prendra pas tout le développement. C'est ce que nous montre le type adopté par la trop célèbre Isabeau de Bavière. Avec sa pose plus affectée, avec son habillement plus moderne, taille étroite, jupe étoffée, l'épouse du malheureux Charles VI nous apparaît comme un intermédiaire entre l'ancienne société, dont elle contribua fortement à ébranler les bases, et la nouvelle, dont sa coquetterie faisait déjà pressentir le luxe raffiné [2].

Dans les temps plus rapprochés de nous, les reines

1. Coll. des Archives n° 163.
2. *Ibid.*, n° 167.

se sont servies, de préférence, de sceaux à leurs armes ou bien, comme leurs maris, de simples cachets. Cependant elles ont eu aussi, au moins pour la forme, de grands sceaux à leur effigie, et sur ceux-là leur physio-

FIG. 71. — SCEAU DE JEANNE DE BOURGOGNE, REINE DE FRANCE.

(1344.)

nomie, leur costume ont été reproduits avec toute la fidélité voulue par les progrès incessants de l'art du portrait. La mauvaise qualité des cires employées nous empêche encore de discerner le détail des figures de

Catherine et de Marie de Médicis[1]. Mais la nuit momentanée qui se fait dans nos monuments se dissipe pour nous laisser voir dans tout l'éclat de sa grandeur l'imposante Anne d'Autriche, avec la couronne fermée

FIG. 72. — SCEAU D'ISABEAU DE BAVIÈRE, REINE DE FRANCE. (1414.)

sur la tête, le mouchoir à la main (innovation conforme à la mode), la robe ample et raide, la collerette unie, telle, en un mot, que nous la montrent les tableaux et les gravures de l'époque, adossée, en outre,

1. Coll. des Archives, nos 175, 177.

à une tenture semée de grandes fleurs de lis, entre deux colonnes de style Louis XIII, qui supportent les écussons de France et d'Espagne, entourés, l'un d'une cordelière, l'autre du collier des ordres du roi. C'est bien

FIG. 73. — SCEAU D'ANNE D'AUTRICHE, REINE DE FRANCE. (1643.)

là le type historique de la fière Espagnole; toute la pompe empesée de la cour de Louis XIV est déjà dans ce petit morceau de cire[1].

1. Coll. des Archives, n° 181.

Avec Marie Leczinska, un changement radical s'opère : la reine est assise, et cette transformation subite (car l'exemple de Marie Stuart, dont j'ai parlé plus haut et qui s'était produit pour une cause toute parti-

FIG. 74. — SCEAU DE LA REINE MARIE LECZINSKA. (1725-1768.)

culière, n'était qu'un fait isolé) indique que les vieilles traditions commencent à se perdre, l'ancienne étiquette à s'effacer ; nous sommes en plein XVIIIe siècle. L'épouse du monarque infidèle trône à l'instar d'un souverain, à découvert toutefois, sans dais ni pavillon. Derrière sa tête, au port noble et majestueux, brille un soleil fixé au dos du fauteuil royal. La robe, légèrement décolletée, est d'une grande richesse, la taille allongée, le manteau flottant. Au premier plan, deux petits amours

FIG. 75. — SCEAU DE LA REINE MARIE-ANTOINETTE.
(1774.)

soutiennent des écussons de forme fantaisiste[1]. C'est le règne de la galanterie et du caprice; mais combien de tels attributs convenaient peu à la pauvre Marie Leczinska !

Ne se cache-t-il pas une ironie plus amère encore

sous le fastueux appareil qui entoure la figure de Marie-Antoinette? Elle est là, gracieusement posée sur un fauteuil Louis XVI, une mignonne couronne suspendue au sommet de sa coiffure et penchée en arrière, comme si elle vacillait déjà. Sa main fine se tend vers un génie de haute taille, qui lui présente l'écu géminé de France et d'Autriche, tenu à bras tendu par un petit amour[1]. Et derrière ce rideau aux plis harmonieux, qui ferme la scène à gauche, nous entrevoyons, nous devinons les horreurs de la prison du Temple, et le tribunal de sang, et la fatale charrette... Fermons les yeux. Aussi bien, ce médaillon est trop joli et ne ressemble plus en rien au symbole officiel de la toute puissance royale. C'est un sceau pour la forme, où l'infortunée princesse semble jouer à la majesté comme elle jouait à la bergère sous les ombrages de Trianon.

Après Marie-Antoinette, la série des reines de France est close.

1. Coll. des Archives, nos 184, 185.

CHAPITRE VI

LES SCEAUX DES SEIGNEURS

Type équestre. — Le roi en tenue de chevalier. — Le seigneur armé pour la guerre et pour le tournoi. — Le seigneur à la chasse. — Portraits en pied; attitudes diverses. — Type armorial des princes, de la noblesse. — La dame à cheval, debout, abritée sous un dais.

Les sceaux des seigneurs ont peut-être moins d'importance que ceux des souverains pour l'histoire générale; en revanche, ils en ont davantage pour l'histoire des mœurs et du costume, parce qu'ils nous montrent leurs personnages, non plus dans la pompe d'un cérémonial exceptionnel, usité en un seul lieu et pour un seul homme, mais dans la vie de tous les jours et sous l'aspect présenté par une classe nombreuse de la société. D'un autre côté, ils n'ont pas, comme les sceaux d'État, conservé leur raison d'être jusqu'à notre siècle : ils ont disparu à peu près complètement dès la fin du moyen âge. Par conséquent, l'on ne saurait utilement les étudier par époques ou par individus, ce qui serait, d'ailleurs, impossible, attendu leur nombre incalculable. Mieux vaut prendre l'un après l'autre le type *équestre,* le type *debout* et le type *armorial,* qui ont été par excellence, le premier surtout, ceux de l'aristocratie féodale, pour considérer chacun d'eux dans son ensemble.

Le cheval est, en principe, le signe distinctif et l'attribut essentiel du gentilhomme; je n'en veux d'autre preuve que ce nom de chevalier, donné, dès l'origine de la féodalité, à la plupart des nobles. En paix comme en guerre, le propriétaire du fief, le défenseur du sol n'est bien que sur son destrier; il est rivé à ses flancs. Il le pare avec orgueil, il le choie comme un ami inséparable, compagnon de la bonne et de la mauvaise fortune. Il lui parle comme à un autre lui-même : « Bon morel! toi qui m'as conduit tant de fois au danger, tu vas me conduire aujourd'hui en paradis! » Et, en disant cela, le chevalier se précipite, tête baissée, contre les Sarrasins.

Il est donc tout naturel que les seigneurs soient figurés à cheval sur leurs sceaux, et que le roi, qui était le premier d'entre eux, le chef de l'armée féodale, ait adopté assez souvent le même mode de représentation pour son contre-sceau, comme la contre-partie ou comme le complément obligé de son effigie officielle. Ces portraits équestres les offrent à nos yeux sous deux aspects différents : armés pour le combat, ce but capital de leur institution, ou équipés pour la chasse, cette grande occupation des temps de paix, qui leur permettait de ne pas désarmer entièrement et de ne pas quitter l'étrier. Le premier genre de sujet est beaucoup plus fréquent; il est aussi plus instructif pour nous.

Dès le milieu du XIe siècle, c'est-à-dire dès le moment où les seigneurs commencent à posséder des sceaux, nous les voyons apparaître en tenue de guerre; ce n'est que plus tard qu'on pourra se demander si ce fier baron, armé de pied en cap, ne se rend pas plutôt au tournoi, en raison du faste déployé dans son équipement et dans celui de sa monture. A cette époque, il a encore quelque chose du guerrier barbare, et barbare est aussi l'œuvre de ses graveurs. Guillaume de Normandie, le fameux Conquérant, qui nous fournit le plus ancien spécimen du genre, galope vers la droite, la tête couverte d'un casque pointu, le gonfanon sur l'épaule, le bouclier soutenu par la main gauche et vu par dedans, comme la pose l'exige; son attitude est raide, et les jambes de la bête sont de vraies jambes de bois[1]. Voilà le sceau équestre dans sa naïveté primitive. Mais attendez seulement une centaine d'années :

FIG. 76.
SCEAU DE GUILLAUME LE CONQUÉRANT, DUC DE NORMANDIE.
(1069.)

la scène s'anime, le cavalier se penche en avant ou en arrière, le cheval se met à courir pour de bon, le bouclier se couvre d'armoiries, et tous les détails de l'armure se détachent nettement. Bientôt le destrier est

FIG. 77. — SCEAU DE HUGUES DE CHATILLON, COMTE DE SAINT-PAUL.
(1289.)

caparaçonné, parce que c'est à lui que l'ennemi s'attaque depuis que celui qui le monte est devenu invulnérable de toute part, et la vaste housse qui le protège fournit à la gravure de nouveaux motifs d'ornementation et de draperie. A peine sommes-nous au début du

1. Coll. des Archives, n° 9998.

XIIIe siècle, que le type est arrivé à son entier développement.

Alors l'aspect du chevalier est vraiment redoutable.

FIG. 78. — SCEAU ÉQUESTRE DE JACQUES Ier, ROI D'ARAGON, COMTE DE BARCELONE, SEIGNEUR DE MONTPELLIER.

Revers (1262).

Tantôt, la face entièrement masquée par le heaume épais et lourd, de forme plate ou ovoïde, il lève bien haut son épée à deux tranchants, qui commence à s'allonger et à se rétrécir pour les grands coups d'estoc, c'est-à-dire de pointe, car les coups de taille ne mordent plus sur le haubert aux fortes mailles; il se dresse sur ses étriers à éperon; il prend l'offensive, il va frapper l'invisible adversaire qui est devant lui : c'est l'attitude du comte de Saint-Paul, Hugues de Châtil-

FIG. 79. — SCEAU DE ROBERT DE VEER, COMTE D'OXFORD. (1296.)

lon, contemporain et vassal de Philippe le Hardi; c'est celle de ce prince lui-même, sur le sceau gravé avant son avènement, alors qu'il n'était que fils de France[1]. Tantôt, serrant les flancs de son cheval, il se précipite, la tête découverte et légèrement baissée, la

1. Coll. des Archives, nos 187, 368.

lance en avant, comme s'il allait fournir une longue course et poursuivre les infidèles en déroute; tel est Jacques d'Aragon, cet autre conquérant, qui enleva aux Maures Valence et Majorque[1].

Les seigneurs anglais, remarquables par leur barbe et déjà aussi par l'allure fringante de leurs montures, ont l'air de vouloir fondre sur la France : Robert de Veer, comte d'Oxford, sur le sceau apposé en son nom au bas de l'acte où le roi d'Angleterre déclare qu'il s'est allié avec les Flamands contre Philippe le Bel, semble répondre au cri de guerre de son souverain; c'est un des meilleurs types équestres du temps[2].

Au siècle suivant, la recherche et l'élégance s'introduisent dans l'équipement comme dans le dessin. Les tournois, si longtemps proscrits par l'Église et par les règles sévères de saint Louis, sont redevenus en faveur depuis le règne de son fils; la guerre feinte remplace souvent la guerre véritable. Aussi le cavalier se pare, le destrier se cabre, comme si tous deux allaient parader sous les regards des dames. Ce n'est plus la chevalerie de fer des croisades; c'est déjà la chevalerie enrubannée des pas d'armes et des romans d'aventure. Charles, dauphin de Viennois (plus tard Charles V) est réellement un fastueux seigneur, avec son casque à visière mobile, surmonté de la grande fleur de lis en guise de panache, son brillant écusson écartelé de *France* et de *Dauphiné*, sa cotte d'armes de soie flottant par-dessus le haubert, son coursier fougueux, dont la tête n'est pas

1. Coll. des Archives, nº 11225.
2. *Ibid.*, nº 10180.

encore protégée par le chanfrein doré, cimé de plume d'autruche, mais dont le riche harnachement et la housse armoriée font une bête de luxe plutôt qu'un

FIG. 80. — SCEAU DE LOUIS Ier, DUC D'ANJOU.
(1374.)

animal de combat[1]. Louis d'Anjou, son frère, est encore mieux monté : son palefroi est entièrement couvert d'une ample draperie, semée de grandes fleurs de lis et bordée d'orfrois; il se détache sur un fond

1. Coll. des Archives, n° 606.

ouvragé, orné d'aigles et de lions ; le prince, chef d'une maison où le goût des arts et des fêtes se perpétuera de père en fils, a tout à fait la tournure d'un galant paladin[1].

En Angleterre, Édouard III conduit des chevaux bien lancés et d'un dessin remarquable; Édouard IV ramène les siens par un mouvement de bras en arrière du meilleur effet[2]. En Allemagne même, le comte Albert de Bavière se montre à la fois cavalier accompli et seigneur opulent[3].

A peine la guerre de Cent ans et les dissensions intérieures de la France arrêtent-elles la noblesse sur la pente dangereuse du luxe et de la mollesse. Çà et là, de vrais preux apparaissent encore, pleins de feu et d'entrain, tout disposés à rompre une lance contre les Anglais, en compagnie de messire Bertrand ou du bâtard de Dunois; mais ceux-là mêmes sont couverts d'or et d'armures éclatantes, et le noble animal qui les porte étouffe sous ses atours brodés. Le duc Charles d'Orléans, célèbre par sa captivité et par ses fraîches poésies, se distingue dans le nombre par sa fière allure et par le galop de son cheval, dont les jambes de devant sont repliées, contrairement à l'habitude[4].

Mais c'est surtout la maison de Bourgogne, si puissante et si fastueuse, qui nous fournit d'admirables types. L'art flamand, ou du moins l'école qu'on est convenu d'appeler ainsi, et qui appartient aussi bien à

1. Coll. des Archives, n° 341.
2. *The great seals of England*, nos 56, 58, 84, etc.
3. Coll. des Archives, n° 11010.
4. *Ibid.*, n° 944.

la France, brille ici par toutes les qualités qui ont illustré ses débuts : mouvement des lignes, richesse de dessin et, par-dessus tout, imitation de la nature. Ces

FIG. 81. — SCEAU DE PHILIPPE DE ROUVRE, DUC DE BOURGOGNE. (1361.)

caractères sont déjà très visibles dans la représentation équestre des premiers ducs, Philippe de Rouvre et Philippe le Hardi [1]. Ils ne font que s'accentuer dans

1. Coll. des Archives, nos 475-478; Artois, n° 33. Cf. Dehaisnes, *Histoire de l'art en Flandre*, p. 467.

celles de Jean sans Peur, de Philippe le Bon et de son fils le Téméraire, reproduites par Demay[1]. Ici, la couverture du cheval flotte légère et soyeuse, laissant

FIG. 82. — SCEAU DE PHILIPPE LE HARDI, DUC DE BOURGOGNE. (1403.)

entrevoir une seconde housse de fines mailles; et, de même, la cotte d'armes du cavalier, soulevée par le

1. *Costume*, p. 184; *Sceaux de la Picardie*, pl. n°s 12; *Sceaux de la Flandre*, I, 20. Cf. la coll. des Archives, n° 480-486.

vent, montre une partie du haubergeon qui le protège en dessous. Tout cela vit, tout cela remue; c'est de la belle et bonne sculpture. De plus, la visière mobile du casque se relève et nous révèle ainsi les traits de ces

FIG. 83. — SCEAU DE CHARLES LE TÉMÉRAIRE, DUC DE BOURGOGNE. (1468.)

redoutables adversaires de la couronne, qui rêvèrent de se substituer à la puissance française et la tinrent quelque temps en échec. Au lieu d'un masque de fer, nous avons devant nous des physionomies humaines : c'est la réapparition du portrait. Et ce qui prouve à quel point ces portraits sont fidèles, c'est que le caractère de l'individu se reflète dans ces visages minuscules, dont le type adopté diminue encore les proportions, ainsi que dans tout le personnage et jusque dans l'équipement. Jean sans Peur, c'est la force et la brutalité; Philippe le Bon, c'est le faste et l'ostentation. Charles le Téméraire, la tête la plus accentuée de la famille, est, au contraire, sombre et farouche. Sous ce riche pourpoint aux manches ajustées, sous les larges plis de cette housse fleurdelisée, que surmonte un plumail épais, on sent l'homme de guerre rivé à son cheval, l'ennemi qui ne pardonne pas, le soldat décidé à vaincre ou à mourir. Il y a de la fougue dans cette étude de caractère; c'est une véritable œuvre d'art.

Dans les temps modernes, le type que nous étudions devient banal. Ce n'est plus un sceau; c'est une véritable statue équestre, semblable à celles que l'on élève sur les places publiques, et réduite aux proportions d'un médaillon. Rien ne rappelle la statue d'Henri IV sur le Pont-Neuf comme le sceau delphinal employé par Louis XIV, qui n'a cependant pas la couleur antique répandue à tort sur le monument de la place des Victoires [1]. Du reste, les seigneurs n'ayant généralement plus de sceaux à cette époque, les éléments d'appréciation deviennent très rares, et l'on peut dire que le type disparaît. Il se survit uniquement dans quelques rares effigies princières, comme celles de Louis-Joseph de

1. Coll. des Archives, n° 125.

Bourbon, prince de Condé, représenté, en 1781, en tenue de colonel général de l'infanterie française, ou de Charles-Philippe, comte d'Artois, sculpté, neuf ans plus tôt, en uniforme de colonel des Suisses, avec

FIG. 84. — SCEAU DELPHINAL DE LOUIS XIV. (1694.)

des tambours et des canons sous ses pieds[1]. Ce dernier sceau offre un certain intérêt, parce qu'il nous donne le portrait authentique de Charles X au temps de sa jeu-

1. Coll. des Archives, nos 659, 360.

nesse ; malheureusement, l'exiguïté de la figure nous empêche de reconnaître facilement ses traits. Malgré cela, le genre auquel il appartient n'en est pas moins un genre complètement mort, et il ne ressuscitera plus après la Révolution.

L'image du seigneur monté et équipé pour la chasse est infiniment moins commune que celle du guerrier à cheval, et tomba en désuétude bien plus tôt encore. On la rencontre surtout dans les sceaux des XIIe et XIIIe siècles. En ces temps reculés, où le métier de vénerie est le privilège et l'unique passe-temps de l'aristocratie féodale, le chasseur a la tête nue. Il est vêtu d'un costume spécial, combiné de manière à favoriser la liberté des mouvements : surcot plus court que d'habitude, tombant seulement jusqu'à mi-jambe et fixé à la taille par une ceinture ; jupe fendue devant et derrière; manches étroites, s'arrêtant au poignet; chausses collantes. La cotte, ou robe de dessous, est très courte également, et complètement invisible. S'il fait froid, le noble veneur s'enveloppe seulement d'une *cotardie,* espèce de manteau sans manches, muni assez souvent d'un capuchon, et se couvre les mains de gros gants en peau de daim. Pour arme, l'épieu, espèce de lance courte, terminée par un fer en losange et par une petite traverse ayant pour but d'empêcher les blessures trop profondes. L'arc et les flèches, destinés à frapper de loin, et quelquefois la hache danoise, sont portés par des *breniers,* ordinairement invisibles sur les sceaux. Sur le poing, le faucon, cet instrument d'attaque plus redoutable encore, tout prêt à prendre son vol. A la main ou sur le côté, suspendu à une *guiche* de soie passée en sautoir, le cor de chasse ou l'ancien *oliphant*, espèce de cornet recourbé, en corne ou en ivoire, tantôt uni, tantôt décoré de fines sculptures. De cette façon, la somme des *impedimenta* est réduite à sa plus simple expression; et encore, l'un ou l'autre de ces accessoires est-il parfois supprimé.

Le cheval est débarrassé de la pesante housse qu'il porte à la guerre; mais les autres parties de son harnachement demeurent les mêmes; du reste, on rencontre aussi des chevaliers partant pour la chasse avec leur équipement de combat. Entre les jambes de l'animal, lancé au galop, court un chien, brachet, vautré ou lévrier, soit en liberté, soit tenu en laisse, et quelquefois deux ou trois. Sur les sceaux des sires de Lusignan, cet inséparable compagnon du chasseur est porté en croupe par son maître. Sur le côté ou dans le fond, le graveur esquisse assez souvent un embryon d'arbre : cela veut dire que nous sommes dans une forêt; au besoin, il y ajoute une silhouette de sanglier, pour indiquer l'objectif de la chasse. Tous ces détails sont figurés avec une grande simplicité, car jamais ce type n'atteint la richesse de dessin ni le luxe de décoration des précédents. Ainsi le fameux Simon de Montfort, comte de Leicester, qui appartenait sans doute à une famille de Nemrods, car son père s'était déjà fait représenter en chasseur, se montre à nous dans l'appareil que je viens de décrire, mais avec une tête et un corps d'enfant rappelant tout à fait les naïves miniatures du XIIe siècle, et l'arbre qu'on a voulu placer derrière lui n'est qu'une petite plante des plus primitives, ornée de deux fleurs et de trois feuilles; l'art de son temps en est encore à la phase du symbolisme[1]. Les chiens, les sangliers sont beaucoup mieux traités dans certains types d'une autre catégorie, surtout lorsqu'ils occupent la place principale, comme sur le sceau de la ville de Calais reproduit par Demay,

FIG. 85. — SCEAU DE SIMON DE MONTFORT, COMTE DE LEICESTER. (1211.)

où nous voyons un « sanglier passant devant une forêt ». Ici, la nature est plus sérieusement observée, et l'animal semble réellement empêtré dans la ramure; mais ce petit monument est d'une exécution bien postérieure[2].

1. Coll. des Archives, n° 708.
2. *Sceaux de l'Artois*, n° 1036.

Si du type équestre nous passons à la seconde forme de représentation adoptée par les seigneurs, c'est-à-dire au type debout, nous constatons qu'elle se rencontre bien moins souvent et qu'elle apparaît beaucoup plus tard; car on ne peut guère compter le saint Victor pris pour emblème par l'abbaye qui portait son nom et figuré sous le costume d'un preux chevalier, ni le guerrier combattant, un genou ployé, dont l'effigie décore un sceau seigneurial du XIIe siècle, cités tous deux par Douët d'Arcq dans sa savante introduction[1] : le premier appartient à une autre catégorie ; le second n'est pas debout. Ce n'est que dans le cours du XIVe siècle que les princes et les gentilshommes consentent à se montrer dans cette dernière attitude, parce qu'alors la noblesse commence à descendre de son piédestal pour se mêler au commun des hommes, et le château féodal à quitter les hauteurs pour la plaine.

Un des premiers qui se permette cette dérogation aux règles de la vieille étiquette est le duc Jean de Berry, frère du roi Charles V. Ce personnage était moins un homme de guerre qu'un bibliophile et un ami des arts ; il ouvre cette longue série de princes lettrés, continuée par Charles d'Orléans, René d'Anjou et tant d'autres, qui signala chez nous les approches de la Renaissance. Rien d'étonnant à ce qu'il ait renoncé au portrait équestre pour s'offrir aux regards de ses vassaux dans une pose moins ambitieuse et plus pacifique. Cette hardiesse lui a, d'ailleurs, assez bien réussi. Son sceau *pédestre,* s'il m'est permis d'employer cette mauvaise

1. *Collection de sceaux,* p. XLVIII

locution, est encore un portrait à caractère, et l'on y reconnaît aisément l'homme de goût qui choisissait en tout genre les meilleurs artistes. Jean est debout dans une grande niche, « vu de face, la tête ceinte d'un cercle

FIG. 86. — SCEAU DE JEAN, DUC DE BERRY.

(1379.)

de pierreries, et tenant un sceptre à droite. Dans deux niches latérales, à dextre un ours assis et coiffé d'un heaume, à sénestre un cygne portant au cou l'écu de Berri[1]. » (Ces deux animaux figurent dans ses armoi-

1. Coll. des Archives, n° 421.

ries.) Le personnage porte les cheveux assez longs et la barbe séparée en deux pointes. Son expression, son attitude sont plutôt débonnaires; tel on le voit dans la miniature « de présentation » placée en tête de ses plus

FIG. 87. — SCEAU DE LOUIS II, DUC DE BOURBON. (1394.)

beaux manuscrits. Sa robe de dessus, dont le haut est caché par le camail, tombe en plis droits, et laisse voir le bas de la tunique inférieure, également plissée. La draperie est aussi bien conçue que la figure et l'ornementation est presque savante.

Toute autre est l'allure du duc Louis de Bourbon, dont le sceau est pourtant du même âge, à quelques années près. Si celui-ci est descendu de sa monture, il a conservé le fier visage du chevalier d'autrefois. D'un geste noble, il tient haute et droite son épée nue. Sa cotte brodée disparaît sous les fleurs de lis. A côté de lui, son écusson, son heaume, cimé d'une large queue de paon, rappellent son rang et sa naissance. Une espèce de tente, artistement relevée, abrite toute la scène, dont le fond est rempli par un dessin d'ornement [1]. L'ensemble de cette belle figure est presque aussi imposant que les sceaux de majesté.

FIG. 88.
SCEAU DE JEAN DE LIGNE.
(1406.)

Un chambellan du roi, Jean de Ligne, nous offre, dans les premières années du XVe siècle, un assez bon spécimen des vaillants combattants de la grande guerre contre les Anglais. Ici, la longue cotte d'armes a disparu; elle est remplacée par le pourpoint court, aux manches larges et flottantes, qui dissimule la partie supérieure de l'ar-

1. Coll. des Archives, nº 452.

mure. La main droite tient la lance; la gauche repose sur le pommeau de l'épée. La tête est complètement découverte, ce qui nous permet de distinguer une longue chevelure, légèrement bouclée, et une barbe un peu plus courte[1]. Cette physionomie ressemble à celle que nos artistes prêtent d'habitude au roi Jean, père de Charles V; on croirait voir la statue si expressive de Théodore Hébert, représentant ce prince sur le champ de bataille de Poitiers, au moment où son jeune fils le tient embrassé et le couvre de son corps.

C'est tout à fait par exception que les chevaliers ont été figurés à mi-corps, comme Olivier de Clisson, ou assis comme Franc de Mallenguien, chancelier de Flandre, qui, probablement en raison de ses fonctions, nous est montré lisant ou écrivant sur un pupitre placé devant lui[2]. Plus insolite encore est la posture de Conon de Béthune, que le graveur a représenté à genoux, faisant hommage à sa dame, en expliquant sa pensée par le mot MERCI, tracé dans le champ en langue française, contre l'habitude de l'époque (1202)[3]. Bien qu'un motif analogue se remarque dans les contre-sceaux des seigneurs de Saint-Aubert, en Flandre, on ne saurait voir là qu'un pur caprice. Quant aux portraits des princes gravés sur les *signets* ou les petits cachets entrés dans l'usage ordinaire vers la fin du moyen âge, ils ne comprenaient que la tête. La dimension très réduite de ces nouveaux instruments nous l'indiquerait à elle seule; mais des textes précis enlèvent

1. Coll. des Archives, n° 259.
2. *Ibid.*, n°s 202 et 314.
3. Demay, *Sceaux de la Flandre*, introd., p. VII.

à cet égard tous les doutes[1]. Ainsi donc la liste des types employés par la noblesse se borne à ceux dont il vient d'être parlé et au type armorial, dont il me reste à dire quelques mots.

Les sceaux armoriaux sont ceux dont le champ est occupé par un écusson, au lieu d'un personnage. Ils ont assurément une grande importance pour la science du blason et l'éclaircissement des généalogies; mais ils sont moins intéressants que les autres pour l'histoire de l'art, des mœurs et du costume. En effet, ils empruntent tous leurs éléments à la convention, aucun à la vie réelle; et, lors même qu'ils reproduisent une fleur, un animal, un être humain, ils lui prêtent des formes toutes spéciales, régulières et fixes à la vérité, mais appartenant au domaine de la fantaisie. Encore, pour le blason, ont-ils l'inconvénient de supprimer forcément ce qui en fait le plus grand charme et la propriété essentielle, à savoir les couleurs. Ils ne peuvent donc apporter de secours, dans l'ordre d'idées où nous devons nous renfermer, qu'à l'étude du dessin d'ornementation.

La naissance des armoiries a coïncidé à peu près avec celle des sceaux de la noblesse; de sorte qu'on peut se demander lequel des deux usages a influé sur le développement de l'autre. Toutefois, les premiers écussons armoriés ne font guère leur apparition sur les empreintes de cire que vers le milieu du XIIe siècle. A partir de cette époque, beaucoup de seigneurs joignirent leur blason à leur représentation équestre, pour

1. « *Item*, un signet d'or où est le visaige de monseigneur contrefait au vif. » (Inventaire du duc de Berry.)

affirmer que le cavalier dont le graveur avait retracé la figure, et qui pouvait être pris pour n'importe quel gentilhomme, était bien leur image personnelle. Mais beaucoup d'autres aussi substituèrent simplement leur écu à leur portrait, peut-être parce que celui-ci offrait plus de difficultés d'exécution. Aucune règle ne paraît avoir présidé au choix de l'un ou de l'autre système.

Les rois se sont eux-mêmes servis assez fréquemment du type armorial, mais seulement pour les contre-sceaux ou pour certains sceaux à destination particulière. L'écu royal semé de fleurs de lis commence à se montrer sur le contre-sceau de Louis VIII, et sa forme moderne, où l'on ne voit que trois grandes fleurs de lis posées deux et une, est adoptée pour la première fois sur celui de Charles VI. Mais la fleur elle-même est beaucoup plus ancienne. On a émis sur l'origine de ce vénérable symbole de notre vieille monarchie, qui forme l'unique ornement des armes de France, les théories les plus téméraires. L'auteur d'un ancien poème latin le fait remonter à une révélation céleste dont le premier roi très chrétien, Clovis en personne, aurait été favorisé. Quelques hommes d'imagination sont allés chercher encore plus loin. D'après les conclusions des érudits les plus sérieux, qui ont comparé entre eux les plus antiques monuments où elle figure, la fleur de lis n'est autre chose que le fleuron primitif du sceptre et de la couronne royale, légèrement modifié par la mode, puis immobilisé dans une forme fixe, qui a traversé les siècles comme la plupart des emblèmes héraldiques. Cette forme définitive se voit à partir de Philippe-Auguste, et le nom de « fleur de lis » se rencontre dans les textes à partir de Louis VII; mais il a peut-être existé plus tôt dans le langage usuel. Quant au fleuron originel, on le constate dès l'époque de Charles le Chauve, ou même dès les temps mérovingiens, avec une tendance de plus en plus marquée à prendre la tournure qui lui a valu ce nom [1]. L'étude des sceaux est faite pour confirmer de tout point cette explication, qui est la seule rationnelle, car l'on sait que la fleur de lis héraldique ne procède nullement du lis qui fleurit dans nos jardins. On la retrouve, du reste, à peu près avec les mêmes contours, sur la couronne de plusieurs Vierges très anciennes, dans les armoiries de certains seigneurs anglais ou allemands et même de quelques familles roturières de France, où elle se sera introduite par des transformations analogues. Ainsi donc, elle n'a pas été, à l'origine, le symbole intentionnel et exclusif de la royauté française; mais elle est devenue, par une adoption presque involontaire et par l'assentiment universel, le plus glorieux insigne de cette royauté et de la nation qu'elle a gouvernée.

L'écusson royal occupe d'abord seul le champ du petit sceau qu'il décore. Au bout de peu de temps, il est enfermé dans une rosace gothique et surmonté de la couronne. Sur le sceau « en l'absence du grand » et sur le sceau delphinal inventés pour les besoins de Charles V, d'une dimension beaucoup plus grande, on voit des poissons, des aigles, des lions, des griffons, des hommes sauvages se jouer dans les lobes de la

1. Voy. le mémoire de Vallet (de Viriville), *Mémoires de la Société des antiquaires de France*, t. XXVIII; Demay, *le Costume d'après les sceaux*, p. 194 et suiv., etc.

rosace[1]. Sous Louis XI, cette dernière disparaît, et l'écu est supporté par deux anges d'assez haute taille, qui ne

FIG. 89. — SCEAU ARMORIAL DE LOUIS XI.
(1461.)

feront que grandir par la suite[2]. Ce type, d'une belle simplicité, se maintient jusqu'au règne de Louis XVI

1. Coll. des Archives, nos 64, 65.
2. *Ibid.*, no 81.

sur les cachets royaux, et aussi sur quelques sceaux spéciaux, comme celui qui fut donné vers 1668 au Conseil de ville de Tournai[1]. Mais alors les anges ont pris des proportions telles, qu'ils sont devenus, pour ainsi dire, le sujet principal, et que le dessin de figure, si brillamment traité par les artistes de l'époque, est rentré en maître dans le domaine d'où on l'avait exclu.

FIG. 90.
SCEAU ARMORIAL DE JEAN D'ORLÉANS, COMTE D'ANGOULÊME.
(1445.)

Chez les seigneurs, le sceau armorial, étant d'un usage plus ordinaire, offre nécessairement plus de variété. Tantôt l'écu est également entouré d'une rosace garnie de dessins à l'intérieur, comme celui de Robert de Dreux, où, par une exception remarquable, l'or du blason est indiqué par des hachures. Tantôt il est supporté par des lions, des cygnes, des sirènes ou d'autres

1. Demay, *Sceaux de la Flandre*, n° 5.

êtres bizarres, comme ceux de Jean d'Orléans, comte d'Angoulême, de Bernard d'Armagnac et d'une quantité de gentilshommes[1]. Le plus souvent, il est posé droit; mais quelquefois, par un raffinement de fantaisie, il est penché ou couché sur le côté, et alors les animaux qui forment les supports, au lieu de le soutenir, le tiennent sous leurs pieds. En ce cas, le heaume dont il est timbré, et qui remplace la couronne royale, n'en reste pas moins droit, de façon à coiffer un des angles de l'écusson. Un spécimen très précieux de ce dernier genre est le petit sceau de Bertrand du Guesclin conservé dans la collection des Archives, sceau d'autant plus intéressant pour l'histoire, qu'il est appendu à la promesse faite par le fameux connétable de payer à Jean Chandos 40,000 francs d'or pour sa rançon, avec une clause portant engagement de son comté de Longueville au roi, qui s'était porté caution pour lui[2]. Ici l'écu est « à une aigle éployée à une bande en devise brochant sur le tout; penché, timbré d'un heaume cimé d'un aigle et supporté par deux femmes (ou par un homme et une femme) ». Malheureusement, la petite dimension de ce sceau et l'état dans lequel l'empreinte nous est parvenue nous empêchent d'en apprécier convenablement la valeur artistique.

FIG. 91.
SCEAU ARMORIAL
DE
BERTRAND DU GUESCLIN.
(1365.)

1. Coll. des Archives, nos 734, 855, 856, etc.
2. *Ibid.*, no 107.

Les princes et les grands seigneurs étrangers ont également usé de ce type sigillaire; ils en ont même abusé, si l'on considère le nombre d'écussons entassés par quelques-uns dans un petit cadre de dix ou douze centimètres. Réduites aux proportions lilliputiennes qu'une telle accumulation comporte, les armoiries ne peuvent plus être qu'un motif d'ornement. Ainsi, sur le grand sceau de l'empereur Rodolphe II, onze écus représentant les domaines de la maison d'Autriche forment une espèce de cordon autour de l'écusson principal, supporté par deux griffons et entouré du collier de la Toison d'or[1]. Il en résulte une décoration surchargée et confuse. Les artistes français ont généralement su éviter cet inconvénient. Lorsqu'ils ont eu à reproduire un blason compliqué, ils ont préféré en étaler les différentes parties sur toute la superficie du champ, en supprimant tout motif étranger aux armes représentées et même, au besoin, les contours de l'écu, comme on le voit sur le sceau de René d'Anjou, roi de Sicile, que de nombreuses successions avaient mis à la tête de sept ou huit royaumes ou principautés différentes[2]. Mais le sentiment de la mesure et le goût artistique devaient souvent s'effacer devant les exigences du code héraldique.

Derrière la triple rangée des chevaliers bardés de fer, soit montés, soit à pied, ou resplendissant de l'éclat des armoiries, se dissimule timidement le petit essaim des châtelaines et des damoiselles dont la cire nous

1. *Ibid.*, nº 10923.
2. Coll. des Archives, nº 11785.

a transmis l'intéressante physionomie. A l'exemple des reines, elles sont modestement restées debout. Rarement les règles si rigoureuses de la hiérarchie féodale leur ont permis de s'asseoir sur la haute chaise à dossier et à coussin qui orne la grande salle de leur manoir. Nous sommes, ne l'oublions pas, en cérémonie : tout doit céder à la préséance du seigneur et maître. C'est par un privilège spécial que la comtesse de Toulouse, femme de Raimond V, est représentée sur sa *chaière*, les pieds posés sur un marchepied, tenant un globe et une petite croix, à l'instar des souverains[1] : elle était la sœur du roi de France; son mari, ses vassaux lui devaient plus d'égards et de respect qu'à toute autre. Après le XIIe siècle, cette attitude n'est plus prêtée à aucune dame de la noblesse.

Presque aussi rare est le type de la châtelaine à cheval. Cependant elle monte quelquefois sur sa haquenée pour aller à la chasse à l'oiseau. Cette chasse est plus paisible et moins dangereuse que celle qui fait la joie du baron, son époux. Aussi garde-t-elle, pour s'y livrer, ses vêtements ordinaires, une cotte et un surcot à jupe courte, sans manches, muni tout au plus d'un capuchon; seulement elle couvre sa tête d'un chapeau à mentonnière, à cause du vent, et sa blonde chevelure, au lieu de retomber en longues tresses, est relevée en chignon. Sa main droite tient les rênes; sur le poing gauche est perché l'oiseau chasseur, tout prêt à s'envoler pour fondre sur sa proie et la rapporter. Le cheval n'est plus lancé au galop; il marche un amble allongé,

1. Coll. des Archives, n° 741.

et son pas est rendu plus doux encore par une selle recouverte d'une épaisse draperie, ou quelquefois par l'incommode *sambue*, espèce de maillot ou de gaine en forme de sac, enveloppant presque tout le corps de la

FIG. 92. — SCEAU DE JEANNE, COMTESSE DE FLANDRE. (1236.)

femme et la protégeant contre les regards indiscrets. Telles nous apparaissent Jeanne, comtesse de Flandre, en 1221 et 1236, la dame de Pierre-Pertuse en 1240, Alix, comtesse de Duras, en 1261, la dame de Mercœur en 1278, et deux ou trois autres[1]. La figure de la pre-

1. Coll. des Archives, nº 620 ; Demay, *le Costume d'après les sceaux*, p. 106-107; Dehaisnes, *Histoire de l'art en Flandre*, p. 457.

mière ne manque ni de mouvement ni de dignité. Toutefois ces nobles chasseresses s'éclipsent de très bonne heure, elles aussi, et le type équestre féminin ne revivra plus qu'à la fin du moyen âge, pour quelques archiduchesses d'Autriche.

FIG. 93.
SCEAU D'YOLANDE DE BRETAGNE.
(1259.)

La dame debout, qui se rencontre, comme je le disais, beaucoup plus fréquemment, nous offre les mêmes particularités que celles de la reine debout. Son costume, son attitude subissent les mêmes transformations. A la place du sceptre ou de la fleur de lis, elle tient la plupart du temps une fleur quelconque, parfois un livre ou un autre objet à son usage, ou bien encore un oiseau de chasse attaché par un filet reposant sur sa main gantée, car les châtelaines n'avaient pas besoin de monter à cheval pour chasser l'oiseau; elles se livraient à ce facile plaisir dans leur parc, à la promenade, un peu partout. La figure d'Yolande de Bretagne, fille de Pierre Mauclerc, nous en fournit la preuve. Sa robe, qui tombe en plis étroits jusque sur ses pieds, son long manteau, fourré de vair, n'ont rien qui dénote un costume spécial : c'est une damoiselle à la mode, qui lance l'épervier par désœuvrement, dans sa toilette ordinaire[1].

Les femmes de la noblesse sont moins souvent que les reines abritées sous des arcades gothiques, ou sous ces riches dais d'architecture que nous avons admirés tout à l'heure. Cependant, lorsqu'elles sont de haut parage, cet honneur leur est accordé volontiers. Jeanne de Châtillon, comtesse d'Alençon et belle-fille de saint Louis, Mahaut de Saint-Pol, femme de Charles, comte de Valois, Blanche de France, duchesse d'Orléans, Yolande de Flandre, mariée d'abord au comte de Bar, puis à Philippe de Navarre, comte de Longueville, sont, à cet égard, traitées comme de véritables souveraines. Le sceau de la dernière, notamment, atteint un degré de richesse peu usité pour les types féminins; par sa disposition générale et son encadrement en rosace, il rappelle à s'y méprendre celui de la reine Jeanne de Bourgogne. « La comtesse est debout sous une niche gothique à trois clochetons, d'un travail très fini; elle a pour unique vêtement une robe étroite à manches pendantes; sa coiffure, en cheveux, retombe en nattes épaisses le long de ses joues. Elle a les mains posées sur deux écussons, l'un à sa droite, l'autre à sa gauche; derrière elle est tendue une tapisserie à carreaux alternativement remplis des bars de Bar, des chaînes de Navarre et du lion de Flandre. Cette tapisserie est soutenue par six petits personnages : quatre sont des femmes, et deux des hommes sauvages. Les deux femmes du haut soulèvent un pan de la tapis-

1. Coll. des Archives, n° 535.

serie; les deux du milieu soutiennent les deux écus par leurs côtés, tandis que les deux hommes sauvages du bas les soutiennent par la pointe. Au haut du sceau, et à l'endroit où le chapiteau s'appuie sur la rosace, se

FIG. 94. — SCEAU D'YOLANDE DE FLANDRE. (1373.)

voient deux dragons ailés, un de chaque côté. Sous le soubassement qui porte la comtesse, il y a une tête de bœuf entre deux lions accroupis[1]. »

Au reste, même lorsqu'ils sont exécutés avec moins de luxe, les sceaux de femmes sont généralement très

1. Coll. des Archives, n° 806; Douët d'Arcq, introd., p. LIX.

soignés. Les formes sont peu accusées, les corps chastes, le costume élégant. On dirait que les graveurs du moyen âge se sont complu à représenter sous des dehors agréables ces nobles châtelaines, dont trouvères et troubadours célébraient à l'envi les charmes. Quelques-uns leur ont donné des poses mouvementées, un peu prétentieuses parfois[1]; mais cette recherche même indique un effort louable pour sortir du convenu et rentrer dans l'étude de la nature. Malheureusement, le type féminin cesse précisément d'être traité par eux au moment où le dessin se perfectionne et où l'art grandit, c'est-à-dire au XVe siècle. A partir de cette époque, les dames de la noblesse adoptent généralement le type armorial, en si grande faveur auprès de leurs maris, et cessent ainsi de faire le plus bel ornement de notre musée de cire.

1. Voy. la dame de Sainte-Croix reproduite par Demay, *le Costume*, p. 108.

CHAPITRE VII

SCEAUX DES BOURGEOIS, DES VILLES ET DES MÉTIERS

Le mayeur, les échevins, les corps publics en groupes. — Vues de monuments et de villes. — Les ponts. — Marines et vaisseaux; pêche à la baleine. — Légendes rappelées; événements historiques représentés. — Sceaux des marchands et artisans; leurs attributs; les métiers en exercice. — Sceaux des vilains. — Scènes de mœurs.

D'après ce qui a été dit au sujet de l'extension du droit de sceller, on doit s'attendre à voir le bourgeois et l'homme du peuple occuper aussi une place notable dans l'imagerie spéciale que nous étudions. Le premier surtout, devenu, dans certaines localités, un potentat rival des petits tyrans féodaux, en raison de sa richesse, de ses privilèges et de ses hautes attributions administratives, prend plaisir à étaler sur la cire sa dignité et son importance. Il se montre de préférence sur les sceaux des villes, en habits de mayeur ou d'échevin, lorsqu'il a le bonheur de pouvoir les porter; ou bien il se fait représenter sur ceux de sa corporation, avec les attributs de son métier, s'il en exerce un. Dans la région du nord, par exemple en Flandre, ce pays des municipes florissants, le magistrat communal apparaît assez fréquemment isolé; il pose à cheval ou à pied, tout comme un vrai baron. Sur son paisible palefroi, dont le harnachement est cependant beaucoup plus simple que chez les seigneurs, il n'est ordinairement couvert ni de l'armure étincelante ni du heaume empanaché. Il a la tête nue ou coiffée d'un chapeau, d'un bonnet, quelquefois d'une simple coiffe semblable au béguin de nos enfants. Il est vêtu d'une première tunique, puis d'un *bliaud* très ample, à jupe plissée, tombant jusqu'aux pieds et même plus bas; ou, plus tard, d'une *cotte* et d'un *surcot* beaucoup moins longs, avec des manches de forme variée. Un manteau quelconque, une chape, une *cotardie*, une *huque* munie de son capuchon, recouvrent souvent le tout. Il tient à la main une branche ou une baguette, symbole d'autorité, et il la lève en signe de commandement, comme il ferait d'une épée. Tels sont notamment les sceaux équestres des « mayeurs » de Corbie, de Chauny, de Frévent, d'Avesnes, appartenant aux XIIIe, XIVe et XVe siècles[1]. Mais, sur quelques autres, ces magistrats sont, par une sorte de privilège, équipés comme des chevaliers : ainsi le « sceau aux causes » de Saint-Valery-sur-Somme nous offre un cavalier coiffé d'un bassinet, portant l'armure complète, brassards, tassettes, genouillères[2], etc. Il est

1. Demay, *Sceaux de l'Artois*, n° 1042; *Sceaux de la Flandre*, n° 3861, etc.
2. Demay, *Sceaux de la Picardie*, n° 750.

vrai que les maires avaient de temps en temps des troupes armées à conduire, et ces troupes avaient elles-mêmes l'équipement le plus irrégulier et le plus fantaisiste. « Il semble, comme le dit Demay, que ces bour-

FIG. 95.
SCEAU DU MAYEUR ET DES JURÉS D'AVESNES.
(XVIe siècle.)

geois ont décroché d'une panoplie les engins les plus divers. C'est un pêle-mêle de lances, de haches de métier, de haches d'armes, d'épieux, de vouges, de plançons[1]. » Et pourtant, avec ces moyens rudimentaires,

1. *Costume*, p. 246.

les milices communales ont remporté, sous Louis le Gros et depuis, plus d'un succès brillant.

A Rue, au contraire, le mayeur se présente debout, un casque carré sur la tête, une épée nue à la main; il

FIG. 96.

SCEAU DE LA VILLE DE SAINT-OMER.

Échevins en conseil (XIIIe siècle).

combat un lion placé devant lui. C'est évidemment là un type de fantaisie, comme il s'en rencontre tant parmi les sceaux de la classe populaire, à moins qu'il ne rappelle quelque légende locale. On peut en dire autant du premier magistrat de la commune d'Athies, auquel il a plu de poser assis, daus le costume et l'attitude d'un proconsul romain[1].

Mais une variété beaucoup plus curieuse, parmi les sceaux des villes, nous présente les consuls ou les échevins groupés ensemble et délibérant gravement sur leurs chaises curules. Rien de plus typique, en ce genre, que celui de la municipalité de Saint-Omer. On y voit six échevins assis sur une même ligne et regardant en face, comme s'ils posaient devant l'appareil d'un photographe. Ils se parlent néanmoins, et leurs expressions variées, leurs gestes animés nous indiquent que des objections et des réponses se croisent dans cette assemblée au petit pied. Peut-être faut-il supposer derrière eux deux ou trois autres rangs de conseillers. En tout cas, les pignons et la tour que l'on aperçoit au fond nous apprennent, par un artifice de convention, que la scène se passe sous le toit de l'hôtel de ville[2].

Voici, au midi, la petite ville de Figeac représentée de la même manière par sept personnages en costume civil. Ce sont les membres du corps municipal qui discutent une affaire importante. Cette fois, ils causent deux à deux, tournés chacun du côté d'un de ses voisins ; mais le graveur les a posés sur une espèce de socle supporté par trois pieds, d'un effet beaucoup moins naturel. Au-dessus de leurs têtes, des clochetons symboliques signifient encore qu'ils sont réunis dans l'intérieur de l'édifice communal. — Voici maintenant Brétenoux, une simple bourgade de la même région, qui

1. Le Costume, p. 247; *Sceaux de la Picardie*, n° 748.
2. *Sceaux de l'Artois*, n° 1050.

exhibe, tout comme une grande cité, cinq magistrats assis de front, sous un assemblage de toits aigus; et cette reproduction de la délibération du conseil de ville se trouve précisément au bas d'un acte par lequel les habitants élisent, en 1309, leurs procureurs aux États

FIG. 97. — SCEAU DE LA VILLE DE FIGEAC.
Conseil de ville (1309).

généraux[1]. Dès le XIIe siècle, des groupes du même genre surgissent çà et là, comme de muets témoins chargés d'attester aux âges futurs la naissance des libertés communales.

Assurément, dans ces temps primitifs, la science du

1. Coll. des Archives, n°s 5815, 5824.

dessin, comme celle de l'assemblage, laissent fort à désirer. Les têtes des échevins de Meulan, par exemple, sont simplement rangées les unes au-dessus des autres, dans une disposition qui leur donne quelque peu l'air d'une exhibition de décapités; aucun effort n'a été tenté pour les grouper d'une façon plus heureuse[1]. Nous sommes bien loin, ici, de la belle ordonnance établie par Jean Fouquet dans sa *Cour de justice* ou par le graveur anglais Simon sur le sceau de la Chambre des communes, où il a si finement retracé la physionomie de cette grande assemblée au temps de Cromwell[2]. Toutefois, le germe s'y trouve, et bientôt l'art difficile de faire tenir et se mouvoir toute une réunion d'hommes sur quelques centimètres de métal ne sera plus une rareté : ceci produira cela.

Les sceaux des villes ou des communes ne se bornent pas à nous restituer la figure de leur mayeur ou de leurs échevins. Une autre catégorie, tout aussi intéressante et plus nombreuse peut-être, fait revivre à nos yeux les monuments de la cité ou son aspect général. C'est là une des sources les plus précieuses pour l'archéologie du moyen âge, pour l'étude de l'architecture en particulier; car, en admettant que ces vues d'ensemble ou de détail ne soient pas d'une exactitude minutieuse, ce qui se comprend de reste, elles peuvent contenir tel trait, telle ligne, tel effet capables de nous donner une explication longtemps cherchée. Et pour combien de localités, pour combien d'édifices ne possédons-nous

1. *Sceaux de la Normandie*, n° 1645.
2. *The great seals of England*, pl. n° 130.

de l'ancien état de choses aucun autre vestige que ces petits dessins gravés d'après nature sur le bronze ou le cuivre! Aux yeux de l'artiste, du savant, de l'homme

FIG. 98.
SCEAU DE LA CHAMBRE DES COMMUNES, SOUS CROMWELL.
Une séance de la Chambre (1651).

amoureux de son pays, ne remplacent-ils pas, pour l'étude du passé, les ressources infiniment plus sûres mises à notre disposition par le génie moderne? Les plaques de métal qui les ont reproduits ne sont-elles pas les plaques photographiques de l'époque?

Dans le midi, c'est Périgueux qui offre au spectateur une enceinte fortifiée d'une hauteur redoutable, avec trois tours carrées au premier plan et deux rondes au

FIG. 99. — SCEAU DE LA VILLE DE TOURNAI.
(1428.)

fond; image réduite, sans doute, de son antique ceinture de pierre. C'est Figeac qui, derrière son épaisse et lourde porte, réunit dans un groupe de convention ses toits aigus et ses clochers gothiques. C'est Agen qui, au-dessus de ses remparts en grand appareil, élève tout un massif de vieilles constructions romanes, en partie inachevées. C'est Vienne qui, dans un panorama des plus complets, nous présente à la fois ses murailles, ses châteaux, ses maisons, ses couvents, avec le Rhône qui coule au bas. C'est Grenoble qui étale aux regards un donjon à créneaux, les flèches de Notre-Dame et de Saint-André, parfaitement reconnaissables encore, puis des bâtiments, des forts protégés par le cours de l'Isère[1]. Au nord, Anvers, Tournai, Dordrecht, Arras, Douai, vingt autres cités, s'abritent également derrière leurs poternes ou leur couronne de fortifications, tout en laissant voir, un peu plus loin, l'orgueilleux beffroi qui symbolise la puissance de leur opulente bourgeoisie, entouré parfois d'un fouillis de clochetons et de tourelles élégantes, sur lesquels flottent des bannières déployées[2]. Louvain nous présente, en 1339, une porte de ville flanquée de deux tours étroites, où l'on pourrait, à la rigueur, reconnaître l'embryon de son merveilleux hôtel de ville, agrandi et transformé au siècle suivant. L'identification est plus facile pour celui d'Ypres, qui a été gravé en 1409, et qui n'a presque point changé depuis. C'est bien là ce large beffroi aux proportions robustes, à la carrure puissante, comme celles des commères flamandes qui tant de fois en franchirent le seuil, et ces galeries latérales, plus courtes alors, qui semblent deux pieds gigantesques chargés de le maintenir d'a-

1. Coll. des Archives, nos 603, 5565, 5732, 5824; *Mémoires de la Société des antiquaires de France*, XL, 283.

2. Coll. des Archives, nos 10660; Artois, 1024; Flandre, 3921, 3924, 4101.

plomb sur le sol. Un autre sceau de la même ville, antérieur à celui-ci de trente-sept ans, nous montre ce magnifique édifice sous un aspect plus simple, dépourvu encore de la riche ornementation qui lui fut donnée entre la première et la seconde époque: c'est

FIG. 100.

SCEAU « AUX CAUSES » DE LA VILLE D'YPRES.

Hôtel de ville et beffroi (1409).

un des exemples les plus frappants du secours que nos empreintes de cire peuvent apporter quand il s'agit de déterminer la nature et la date des transformations d'un monument[1].

1. Coll. des Archives, Fland., nos 4008, 4130, 4131.

Au lieu de prendre pour emblèmes leurs portes, leurs remparts, leurs hôtels de ville, quelques vieilles cités religieuses se sont fait représenter par leur cathédrale ou par quelque sanctuaire renommé. Sur le sceau

FIG. 101. — SCEAU DE LA VILLE DE BAYONNE.
Église cathédrale (1351.)

d'Aix-la-Chapelle, la fameuse église bâtie par Charlemagne ne figure qu'en réduction ; ce prince la tient entre ses mains et l'offre à la Sainte Vierge, de sorte qu'elle n'occupe guère, entre les deux personnages, qu'une place secondaire. Mais la cathédrale de Cambrai sous sa double forme romane et gothique, celle de Toulouse (Saint-Sernin) accostée du château Narbonnais, celle de Bayonne surtout, remplissant de son immense vaisseau toute l'enceinte fortifiée qui figure la ville,

FIG. 102. — SCEAU DE LA VILLE DE BURGOS.
Église cathédrale (1493).

ont des dimensions et un fini de dessin qui permettent de les admirer en détail. L'image de la vieille église épiscopale de Burgos, isolée de tout entourage, équivaut presque à un petit fac-similé, tel qu'on s'est ingénié à en faire pour certains monuments historiques. Assurément, les proportions sont encore insuffisantes; mais le métal est si bien taillé et le relief si éloquent, que la lourde et sévère architecture du moyen âge espagnol revit là tout entière. La Sainte-Chapelle de Vincennes, qui se reconnaît, avec le donjon et le commencement de la forêt, au bas d'un acte émané de son chapitre, l'amphithéâtre de Nîmes, dont un coin est reproduit sur le sceau des chevaliers des Arènes, la mosquée d'Omar, rappelée sur un de ceux des Templiers, sont également des esquisses d'après nature. Toute cette catégorie est des plus curieuses et des plus faciles à étudier[1].

FIG. 103.
SCEAU DE LA SAINTE-CHAPELLE DE VINCENNES.
Donjon et chapelle (1406).

1. Coll. des Archives, nos 5657, 5683, 5971, 5972, 7836, 9862, 11324; Fland., 3840, 3866. Je ne cite ici, comme plus haut et plus bas, que quelques spécimens entre cent. On en trouvera d'autres signalés dans l'Introduction de l'inventaire de Douët d'Arcq, p. LXXXIII et suiv.

Enfin, un dernier genre d'édifice urbain dont on s'est plu à perpétuer le souvenir sur les sceaux des villes, c'est le pont ; le pont, qui jouait autrefois un rôle si important dans les relations commerciales, lorsqu'il reliait ensemble deux vastes régions séparées précédemment par la nature, et aussi dans les grandes entreprises de construction, lorsque des associations de frères pontifes se chargeaient, avec les moyens bornés dont elles disposaient, d'interrompre le cours d'un fleuve impétueux. Citadins et campagnards professaient pour ce monument une sorte de vénération ou tout au moins d'intérêt, dans lequel l'amour-propre local entrait pour beaucoup, et dont il reste encore quelque chose dans certaines provinces. Il n'est donc pas étonnant qu'on l'ait pris parfois pour symbole de la cité, surtout lorsqu'il avait par lui-même un renom ou un mérite particuliers.

FIG. 104.
SCEAU ET CONTRE-SCEAU DE LA VILLE D'AVIGNON.
Pont (1226.)

Le plus célèbre de tous les ponts était, comme l'on

sait, celui d'Avignon, bâti au XIIe siècle par saint Benezet et terminé après sa mort, en 1188. Cette audacieuse jetée de dix-neuf arches figure précisément sur deux bulles de plomb des années 1226 et 1251. On l'y voit dans toute sa nouveauté, avant les premières réparations, mais non dans toute sa longueur, car cinq arches seulement ont pu tenir sur la surface du sceau, qui n'a que quarante-trois millimètres. C'est un pont plat, assez bas, battu par des flots agités, comme le sont ceux du Rhône, et au-dessus duquel s'élèvent, à l'arrière-plan, des remparts percés de portes, puis un groupe de tours romanes. On ne constate entre les deux exemplaires qu'une légère différence de proportion et d'ornementation; l'ensemble des monuments est identique, et l'artiste l'a visiblement composé pour le coup d'œil[1]. Il en est de même pour le pont de Lyon, qui est bordé de deux rangées de maisons étagées les unes au-dessus des autres, de manière à donner l'idée d'un site accidenté et pittoresque. Celui-ci n'a que trois grandes arches et deux poternes descendant jusque sur la berge. Il est surmonté d'une croix très élevée, comme on en voit sur le pont de Stirling en Écosse et sur plusieurs autres; cette croix porte en cœur une fleur de lis, et elle est accompagnée de chaque côté d'emblèmes héraldiques étrangers au paysage. Notons encore que, bien que les empreintes qui nous le restituent soient des XIIIe et XIVe siècles, ce pont n'est nullement en dos d'âne, comme nous sommes disposés à nous représenter tous ceux du moyen âge : à peine une

1. Coll. des Archives, nos 5499, 5500.

légère déclivité se remarque-t-elle vers l'une de ses extrémités ; et cependant sa hauteur est plus grande que celle du pont d'Avignon[1].

FIG. 105. — SCEAU DE LA VILLE DE LYON.
Pont à poternes (1320).

Celui de Cahors est, au contraire, sur un double plan fortement incliné ; il est vrai que les six arches qui le soutiennent, et entre lesquelles nagent de gros poissons, de peur que l'on ne s'y trompe, sont d'une

1. Coll. des Archives, nº 5711.

élévation tout à fait surprenante et ressemblent de profil à de simples piliers munis de leurs chapiteaux. Au-dessus se dressent cinq énormes tours-châteaux, comme on en construisait pour la défense des ponts et des villes

FIG. 106. — SCEAU DE LA VILLE DE CAHORS.
Pont à cinq tours (1309).

dont ils commandaient l'entrée; ce qui donne à l'ensemble l'aspect d'un monument fantastique, baignant dans l'eau ses maigres jambes et menaçant de ses bras, nouveau Briarée, quelque ennemi caché dans le ciel[1] La ville d'Hoja, en Andalousie, avait également sur son

2. Coll. des Archives, n° 5816.

sceau un château fort posé sur un pont, entre deux montagnes reliées par une chaîne. Or d'anciennes vues du pays nous attestent que l'état des lieux était absolument conforme à cette reproduction gravée[1]. Ce n'est donc pas sans raison que l'on attribue à toutes ses analogues une fidélité plus ou moins grande, et, bien que les lois de la perspective ou de la proportion n'y soient pas toujours observées, on voit qu'elles peuvent nous aider efficacement à la reconstitution de la topographie locale.

Les villes maritimes ont très souvent adopté un type générique qui, pour n'être plus emprunté à leur configuration physique ou à leurs monuments, n'en offre pas moins un très vif intérêt : c'est le type naval. Sous prétexte de nous apprendre qu'elles tiraient leur richesse ou leur renommée de leur port, quelques-unes ont fait retracer sur la matrice de leur sceau de vraies petites marines ; et, comme nous sommes très pauvres en documents figurés de cette espèce, on devine quelle lumière peut jaillir de scènes de mœurs aussi neuves et aussi caractéristiques. Demay en a déjà tiré la matière d'un excellent éclaircissement sur l'art naval chez nos pères, et particulièrement sur la construction de leurs vaisseaux de charge ou de transport, appelés *nefs*, les seuls qui se rencontrent sur les sceaux des villes marchandes. « Les premiers navires figurés, dit-il, quoique datés du XIIIe siècle, nous reportent aux drakars scandinaves et aux navires normands, leurs successeurs. Comme ces derniers, ils sont également relevés de la

1. Voy. *Bibliothèque de l'École des chartes*, an. 1886, p. 144.

proue et de la poupe, munis d'un seul mât soutenu par des haubans garnis d'enfléchures et par deux étais. Ils portent une seule voile carrée, garnie de bandes de ris. La vergue se dirige par des bras qui viennent s'attacher à la poupe. Le gouvernail consiste en un aviron placé de côté et à l'arrière. Enfin une ancre est suspendue extérieurement près de la proue. La forme générale de ces navires, avec les deux caps très relevés et la muraille se relevant également à l'avant et à l'arrière pour aller fortifier l'étrave et l'étambot, offre tout à fait l'image d'un croissant. L'étrave et l'étambot modernes sont ce qu'on entendait au moyen âge par les deux *rodes* ou les deux *floddes* du navire, pièces de bois principales ajoutées à chaque extrémité de la quille[1]. »

Plus tard viennent les *châteaux*, petites tours de bois, établies sur les nefs pour servir de postes aux hommes de l'équipage, et dont l'une se hissait au sommet du mât; c'est ce qui a formé depuis la *hune*. Puis on voit se dessiner les cordages, les étendards, les voiles armoriées, les matelots, les armes, le costume; tout ce petit monde en effigie s'anime et se complète peu à peu. La marine anglaise se distingue déjà par le luxe et la solidité de ses bâtiments. Celui du comte de Rutland, amiral d'Angleterre, porte des châteaux très logeables, dépassant d'un tiers la dimension de la poupe et de la proue, décorés à l'extérieur de blasons et de rinceaux. Sa grande voile est toute couverte d'écussons aux sujets éclatants. Le navire de la ville

1. *Le Costume d'après les sceaux*, p. 251. Cf. la *Revue archéologique*, an. 1877.

de Southampton, plus vaste et plus massif, a, en place de ces loges primitives, de véritables habitations recouvertes d'une plate-forme, où l'on voit, du côté de l'arrière, deux personnages transmettant des ordres au

FIG. 107. — SCEAU DE LA VILLE DE SOUTHAMPTON.
Navire anglais (1495).

moyen de porte-voix ou de trompettes, tandis qu'en face un capitaine leur fait de la main des signes de commandement. La voile, entièrement carguée, forme comme de petits festons; l'embarcation se balance mollement sur une mer onduleuse, et la lune, qu'on aperçoit à travers les cordages, éclaire d'en haut cette scène pacifique[1].

Les Pays-Bas ne sont pas en retard non plus. Amsterdam envoie ses hardis marins aux extrémités du monde connu; ils s'embarquent avec un appareil un peu plus belliqueux, munis de l'épée, du bouclier, de l'étendard. Leurs châteaux, de forme triangulaire, se prolongent en dehors du bord; leur mât est surmonté d'une gabie en corbeille, d'où flotte librement une flamme aux longs replis. Ils ne sont que deux hommes montés sur cette grande nef; mais ces deux tiennent toute la place : à eux seuls, sans doute, ils valent un équipage. Sur le vaisseau de Damme, dont les logis, au lieu d'être formés par le relèvement de la poupe et de la proue, semblent des tribunes portées sur quatre pieds, ils sont quatre à manœuvrer : le premier commande, le second grimpe aux haubans sans échelle, sans enfléchures; les deux derniers maintiennent les bannières contre vents et marée[2].

Voici, à leur tour, les matelots français. Ils viennent de Boulogne, de Calais, de Gravelines, de la Rochelle, de Biarritz, de tous les ports de la Manche ou de l'Océan. Les uns sont perdus dans les vergues; les autres font mine de ramer. Le chef de l'équipage s'abrite sous l'arcade gothique d'un château à jour; quelques hommes répètent ses commandements dans d'immenses porte-voix. Le timonier dirige le gouver-

1. Coll. des Archives, nos 10193; Fland., 4088.
2. *Ibid.*, n° 10647; Demay, *le Costume*, p. 259.

nail à l'aide d'une cheville verticale. Un chevalier, seul avec son cheval de bataille et sa lance, vogue vers les plages inconnues où la gloire l'attend. Et parfois, au milieu de ces petites scènes de la vie réelle, une main bénissante, la figure d'un patron vénéré, viennent rassurer le passager et lui promettre une heureuse traversée[1].

Mais le plus joli tableau maritime est sans contredit celui de la pêche à la baleine, à laquelle se livrent, avec une ardeur égale, les marins de Biarritz et ceux de Fontarabie. Cinq des premiers sont montés dans un canot rapide, en forme de croissant comme les grandes nefs, mais dépourvu de mâture et de voiles. Trois d'entre eux sont assis et rament. Le quatrième gouverne, à l'arrière, et le cinquième, le harpon à la main, s'apprête à percer le dos du monstre, qui apparaît en ce moment à la surface des flots, fortement agités par sa présence, et semble menacer la frêle embarcation. Les gens de Fontarabie sont partis au nombre de quatre seulement. Ils ont déjà frappé la baleine de deux coups de lance et vont l'achever tout à l'heure. En attendant, particularité remarquable, la corde qui retient un des harpons déjà lancés, au lieu d'être amarrée au canot, suivant la tactique usitée de nos jours dans cette pêche pleine d'émotions et de périls, flotte librement, à l'aide d'une bouée : de cette façon, si l'animal s'éloigne, on n'aura qu'à rattraper cette bouée rivée à ses flancs, et la barque ne sera point à sa merci[2].

1. Coll. des Archives, nos 5528; Art., 1035; Fland., 3886, etc.
2. *Ibid.*, no 3875 ; Demay, *le Costume*, p. 264.

Indépendamment de tous ces types empruntés au monde qui les entoure, les villes du moyen âge vont souvent en chercher d'autres dans leur histoire, dans la légende de leurs saints, dans les événements célèbres dont elles ont été le théâtre. Leyde choisit l'effigie de

FIG. 108. — SCEAU DE LA VILLE DE BIARRITZ.
Pêche à la baleine (1351.)

saint Pierre; Gand, celle de saint Jean-Baptiste; Roulers, celle de l'archange saint Michel; Dunkerque, celle de saint Éloi, assis sur un trône, le marteau à la main; l'Écluse, celle de la Sainte Vierge; Strasbourg, la même avec l'enfant Jésus, sous une arcature gothique; Metz, la lapidation de saint Étienne; Limoux, le trait de saint

Martin coupant son manteau en deux ; Pamiers, celui de saint Antonin abandonné dans un bateau sans agrès ; Port-Sainte-Marie, une Vierge à la chaise ; Turgovie, ses trois saints décapités, tenant leurs têtes dans leurs mains, etc. Ces sujets d'iconographie sacrée sont quelquefois traités avec un talent remarquable ; mais nous les rencontrerons en plus grand nombre sur les sceaux ecclésiastiques.

D'autres cités tiennent à perpétuer des souvenirs glorieux ou douloureux, d'une date plus récente. Ainsi la ville de Cantorbéry, dès le XIIIe siècle, fait graver la scène du meurtre de l'archevêque Thomas Becket, immolé au pied de l'autel. Sous une arcade en forme d'accolade, au-dessus de laquelle se dessinent les lignes principales du vaisseau de l'église, le prélat est agenouillé, la face tournée vers ses bourreaux. Quatre soldats anglais, rangés en file, s'apprêtent à le massacrer, et l'un d'eux lève son épée pour lui porter le premier coup. Son clerc se tient debout à côté de l'autel, portant la croix épiscopale. A droite et à gauche, dans des niches gothiques, deux personnages, ou plutôt deux statues de personnages royaux assistent impassibles à cette scène barbare, dont la légende nous donne l'explication en deux vers fort mauvais :

Ictibus immensis Thomas qui corruat ensis,
Tutor ab offensis urbis sit Canturiensis[1]

D'autres encore tirent leur motif des costumes ou des attributs qui leur sont propres : Berne a son ours,

1. Coll. des Archives, n° 10216.

accompagné d'un aigle et d'autres emblèmes; Soleure a un soldat suisse, d'un dessin très fidèle, mais plus moderne, il est vrai; Compiègne a un homme d'armes debout, tenant une épée nue et un immense bouclier

FIG. 109. — SCEAU DE LA VILLE DE CANTORBÉRY.
Meurtre de saint Thomas Becket (XIIIe siècle).

à rais d'escarboucles, avec six autres personnages à ses côtés; Glaris, une belle tête de docteur, où Douët d'Arcq veut voir un pèlerin nimbé; Dijon, un cavalier en costume civil, entouré d'un cercle de têtes assez énigmatique[1]. Nous ne sommes plus ici dans la règle, mais dans la fantaisie, et nous n'avons plus qu'un pas à faire pour tomber dans le type héraldique. Le plus illustre et peut-être le meilleur spécimen de ce dernier genre, qui envahit tardivement les sceaux des municipalités, est celui qui fut adopté par la ville de Paris. On en possède plusieurs variantes remontant au xve siècle, et se rapprochant toutes beaucoup du blason actuel de la capitale. La forme du navire, qui est là pour rappeler la corporation des marchands de l'eau, si puissante dans la vieille cité, a seule varié avec le cours des siècles : ses châteaux ont disparu, sa voile fleurdelisée a perdu ses ornements. Néanmoins l'antique symbole parisien a survécu à tous les bouleversements ; la Révolution elle-même l'a respecté et s'est contentée de coiffer d'un bonnet phrygien l'écusson fleurdelisé. C'est encore avec lui que Santerre scellait, le 10 août 1792, l'ordre au commandant du bataillon de Saint-Séverin de livrer une pièce de canon « devant servir à défendre le peuple contre ses ennemis[2] ».

Au-dessous de la bourgeoisie et des corps municipaux, un grand nombre d'hommes « du commun », d'hommes de fief, de manants avaient, nous l'avons vu, leurs sceaux particuliers. Ce n'est pas qu'ils eussent beaucoup d'actes privés à valider; mais il pouvait se rencontrer telle circonstance où leur garantie collective était nécessaire, et alors chacun d'eux fournissait la sienne sous la forme d'une empreinte de cire. Ainsi,

1. Cabinet des médailles et Collection des Archives, *passim.*
2. Coll. des Archives, n° 5597.

lorsque les habitants de Grammont, après s'être révoltés avec les Gantois, en 1380, firent leur soumission à leur souverain, soixante-huit d'entre eux eurent à sceller individuellement, indépendamment de la commune, l'engagement pris en leur nom. Des cas semblables se présentaient plus souvent que l'on ne croit. Mais c'étaient surtout les artisans, les hommes de métier, qui avaient l'occasion de se servir, soit d'un sceau personnel, pour certaines transactions commerciales, soit d'un sceau corporatif, pour les décisions de la corporation à laquelle ils appartenaient; et, du reste, l'artisan ou le marchand ne faisait souvent qu'un avec le bourgeois. Dans la région du nord, où le négoce était particulièrement florissant, presque tous avaient adopté un type spécial et pris pour sujet un instrument ou un attribut de leur profession; ce qui nous vaut sur la forme et la nature de certains objets des indices très précieux. Les « affoireurs de vin » ont des tonneaux; les « armoyeurs », des épées; les artilleurs, des arbalètes, des flèches; les barbiers, des ciseaux, des rasoirs; les bateliers, des barques; les bouchers, des bœufs; les boulangers, des pains, des pellerons; les bourreliers, des colliers de cheval; les charpentiers, des haches, des grues, des équerres, des maillets; les cordiers, des manivelles; les cordonniers, des bottes, des semelles, des empeignes; les corroyeurs, des ceintures; les couvreurs, des marteaux; les drapiers, des forces, des fers, des marques d'étoffes; les épiciers, des balances, des arbres à fruits; les fèvres (charrons) et les maréchaux, des fers à cheval, des tenailles; les huchiers, des coffres; les jardiniers, des navets; les maçons, des truelles, des marteaux, des équerres; les meuniers, des moulins à vent; les orfèvres, des hanaps, des vases, des poinçons; les peintres, des pattes ou pinceaux en sautoir, avec des coquilles à couleurs; les pelletiers, des renards, des écureuils, des lièvres; les poissonniers et les pêcheurs, des hameçons, des poissons de différente sorte; les potiers, des buires; les sculpteurs, des maillets, des compas, des bustes; les selliers, des selles; les tisserands, des navettes, etc.

Quelques professions spéciales ont aussi de ces armes parlantes, et de non moins éloquentes parfois. Tel médecin a désiré se faire passer pour savant : il s'est montré lisant dans un livre. Tel autre a voulu donner à entendre qu'il était fort charitable : il s'est représenté sous la forme du pélican distribuant la pâture à ses petits. Mais quelle pensée a dirigé le choix de celui-ci? Un martyr à genoux entre deux bourreaux qui lui enfoncent chacun un clou dans l'épaule! Est-ce le malade qui est le martyr? Est-ce le docteur qui est le bourreau? On dirait une satire dans le genre de celles qui poursuivaient partout, au moyen âge, les mauvais médecins. Un bourreau d'une autre espèce, un vrai, celui-là, nous révèle sa triste condition au moyen d'une chaudière et d'un râteau, le second servant à ramener le feu sous la première. C'est tout un symbolisme à étudier et tout un monde à observer.

L'intérêt augmente lorsque l'ouvrier ou le marchand sont représentés dans l'exercice de leurs fonctions. Un apothicaire du XIVe siècle est figuré debout, pilant dans un mortier, avec un arbre à fruits derrière lui. Un poissonnier de Bruges, en costume d'homme du peuple, se tient devant un étal découpant un poisson. Un vendangeur de Bruyères (Picardie) a dans une main sa serpette, dans l'autre la grappe qu'il vient de cueillir; c'est un des meilleurs spécimens de l'habillement du paysan, vers la fin du moyen âge[1]. Que d'autres types populaires l'on pourrait reconstituer à l'aide de cette riche série!

FIG. 110. SCEAU DES POISSONNIERS DE BRUGES. Étal à poisson (1407).

Les corps de métiers prennent volontiers pour emblème l'effigie de leur patron. Les corporations d'orfèvres, par exemple, se reconnaissent à l'image d'un évêque tenant une crosse et un marteau : la réunion de ces deux emblèmes dit assez à un peuple familiarisé avec les caractéristiques des saints qu'on a là le portrait de saint Éloi, le grand artiste en orfèvrerie des temps

FIG. 111. — SCEAU DE BRUYÈRES. Vendangeur (XVIe siècle.)

1. Coll. des Archives, nos 5857; Fland., 4757; Pic., 739. Cf. le livre de M. Dehaisnes, *Hist. de l'art en Flandre*, p. 461.

mérovingiens, et que le sceau est celui de ses confrères. La corporation des ménétriers de Paris en avait fait faire un fort curieux, où l'on voyait « au milieu Nostre Seigneur dans une nef, en guise de ladre (lépreux),

FIG. 112. — SCEAU DES MÉTIERS D'ARLES.
Groupe d'artisans (XIIIe siècle).

sainct Julien en l'un des bouts, tenant deux avirons, et à l'autre bout sa femme, tenant un aviron d'une main et de l'autre une lanterne. Au-dessus de l'espaulle dextre de Nostre Seigneur y avoit une fleur de lys. Auprès sainct Julien estoit sainct Genois, tout droit, tenant une vielle comme si vielloit. Et estoit entre deux hommes agenouillés[1]. » Ce motif, puisé dans la légende de saint Julien, surnommé le batelier des pauvres, auquel on avait adjoint saint Genès, mime romain, parce qu'il était le patron des ménestrels, était conforme, paraît-il, à une petite sculpture du XIIIe siècle qui se voit encore sur une vieille maison de la rue Galande; ce qui a fait dire qu'il avait été copié sur elle. L'empreinte ne s'est malheureusement pas conservée, de sorte que nous ne pouvons juger ni de la réalité du fait, ni du mérite de la gravure. Nous sommes plus heureux pour le sceau des métiers d'Arles, où, au-dessous de saint Trophime, apparaissant dans le ciel entre deux anges, sont rangés sur un banc six personnages conversant ensemble. Ce groupe, qui rappelle ceux des échevins de certaines cités, a un caractère archaïque assez prononcé et doit dater du commencement du XIIIe siècle; toutefois, s'il se compose, en réalité, d'artisans, il ne nous les montre pas dans l'exercice de leur profession

FIG. 113.
SCEAU DE JEANNE, CONCIERGE DE L'HOTEL D'ARTOIS.
Femme près d'un berceau.
(1303.)

FIG. 114.
SCEAU DE BAUDE LE NORMAND, RECEVEUR D'ARTOIS.
Conversation galante.
(1297.)

1. *Bibl. de l'École des chartes*, an. 1841-42, p. 390.

et ne peut nous renseigner que sur leur costume[1].

Chez les paysans, chez les vilains, les outils du métier sont remplacés par des feuilles, des branchages, des oiseaux, des quadrupèdes, des gerbes, des cuves, des bouteilles; mais à ces emblèmes agricoles se mêlent aussi des croix, des fleurs de lis, des figures héraldiques. Ici, plus de règle ni d'usage; la fantaisie la plus libre se donne carrière. De temps en temps, dans ce fouillis d'animaux, de végétaux, de motifs d'ornement, émerge un dessin original, une bête bien lancée, une scène de mœurs intéressante. C'est un loup emportant sa proie, un lapin chassé par un chien, un chevreuil broutant des feuilles, un bœuf paissant d'un air placide, un cerf aux abois dont les jambes s'allongent outre mesure, un petit oiseau tenant une fleur dans son bec; sujets mieux traités, en général, que les arbres et le paysage. C'est la tentation d'Adam et d'Ève; c'est une servante fidèle veillant auprès d'un berceau; c'est une conversation galante entre ribaud et ribaude, assis sur un banc, sous une double arcade gothique; ce sont, en un mot, mille détails de la vie privée, qui ne peuvent trouver place dans une revue aussi rapide, mais qui ménagent à l'observateur attentif des surprises aussi charmantes qu'inattendues[2].

FIG. 115. SCEAU DE MONNOT LESCOT, TAILLEUR DU COMTE D'ARTOIS. Croquemitaine. (1345.)

1. Coll. des Archives, n° 5919.

2. Douët d'Arcq, introd., p. XCI et suiv.; Demay, *Sceaux de l'Artois*, n°s 1897, 2194, 2591, etc.

Signalons, pour finir, une bien amusante reproduction de la légende de Croquemitaine, gravée (qui nous dira pourquoi?) sur le sceau d'un tailleur du comte d'Artois, dont l'empreinte est appendue à certaine quittance datée de 1345. Le terrible bonhomme n'est pas d'hier, comme l'on voit; il est presque aussi vieux que le Juif-Errant, quoiqu'un peu moins barbu. C'est pourtant bien lui, si je ne me trompe. Il marche d'un pas ferme encore, appuyé sur son grand bâton. Il a sur le dos la hotte traditionnelle, où sont blottis deux petits criminels qui ne doivent pas être à leur aise, d'aucune façon [1]. L'étroitesse du cadre nous empêche d'en distinguer davantage. Mais, ici comme ailleurs, nous découvririons bien d'autres choses, si nous connaissions mieux les bas-fonds de la littérature populaire, que l'on commence à peine à déterrer aujourd'hui.

1. *Sceaux de l'Artois*, nº 2173.

CHAPITRE VIII

SCEAUX ECCLÉSIASTIQUES

Bulles pontificales ; figures de saint Pierre et saint Paul ; variantes modernes. — L'anneau du pêcheur. — Sceaux des conciles et des cardinaux. — Type épiscopal ; insignes et vêtements. — Sceaux des clercs séculiers, des abbayes, des offices claustraux. — Sceaux des universités, des hôpitaux, des ordres militaires religieux.

En tête des sceaux ecclésiastiques se place une catégorie tout à fait à part, qui n'est plus soumise aux mêmes règles ni aux mêmes variations que les autres. Malgré le silence gardé à son endroit par les principaux sigillographes de nos jours, il est indispensable d'en dire au moins quelques mots, parce qu'elle est représentée chez nous par une nombreuse série d'empreintes et qu'elle offre, au point de vue artistique, des sujets dignes d'étude. Je veux parler des sceaux pontificaux. Les papes, comme l'on sait, ont eu concurremment deux modes de sceller différents : 1° la *bulle* de plomb, empruntée aux usages des anciens empereurs, et qui est nécessairement un sceau pendant ; 2° *l'anneau du pêcheur*, cachet analogue à ceux dont se servaient les souverains avant l'invention du grand type royal, et conservé malgré tout par le saint-siège, pour être plaqué sur le parchemin ou le papier. Peu à peu la première fut réservée pour les lettres solennelles, désignées elles-mêmes par le nom de *bulles*, et le second pour les billets ou les lettres particulières, appelées ordinairement *brefs*.

La plus ancienne bulle que l'on connaisse est, comme je l'ai déjà dit, appendue à un acte du pape Deusdedit, daté de 614, et demeuré au Vatican. Une des faces de ce type primitif présente l'image du Bon Pasteur, entre les deux lettres A et Ω; l'autre ne porte que les mots *Deus dedit papa*. Mais cette figure ne se maintint pas, et dès le pontificat de Paul I (757-767), on voit apparaître sur les bulles le sujet définitif, le sujet classique, pour ainsi dire, à savoir les têtes de saint Pierre et de saint Paul, avec le nom du pape au revers, suivi bientôt de son numéro d'ordre parmi les papes du même nom. Jusqu'à la fin du XIe siècle, le règne du nouveau type subit encore quelques interruptions : ainsi Victor II lui substitua un personnage à mi-corps recevant une clef d'une main divine, figurée dans le ciel, et, de l'autre côté, un monument représentant la ville de Rome, avec le nom du pape à l'entour; Urbain II se contenta d'une croix accompagnée des noms des deux apôtres et du sien. Mais, à partir de cette époque, l'usage devint tout à fait fixe : il y eut régulièrement, sur une face, les têtes de saint Pierre et de saint Paul, séparées par une croix et surmontées des sigles S͞PA S͞PE (*Sanctus Paulus, Sanctus Petrus*) ; sur l'autre, le nom du pontife en toutes lettres, suivi du mot PAPA en abrégé (P̃P) et du numéro d'ordre en chiffres romains.

C'est sous cette forme que se présentent les premières bulles conservées dans la collection des Archives, dont la série commence à Pascal II, en 1103[1]. Elles ont encore un caractère très archaïque; le dessin est médiocre et le relief peu accusé. Les graveurs se sont cependant efforcés de donner à chacun des apôtres sa physionomie traditionnelle, à Paul la figure longue, la barbe en pointe et les cheveux relevés, à Pierre la face un peu large, la barbe et les cheveux frisés. Les frisures sont représentées par de simples points; mais ce procédé a son explication : il paraît que le nombre de ces points était fixé par une règle secrète, et que c'était là un des moyens dont la cour de Rome se servait pour découvrir les bulles fausses. Les yeux des deux personnages, d'abord fermés ou privés de regard, à la mode des statues antiques, ne tardent pas à s'animer. Sous Grégoire X, en 1272, ils ont déjà une certaine expression[2]. Toutefois, rien ne fait pressentir dans les bulles de cette époque l'aurore du grand art italien; il faut, pour trou-

FIG. 116.
BULLE DU PAPE GRÉGOIRE X.
Face (1272).

1. Coll. des Archives, n°s 6025 et suiv.
2. *Ibid.*, n° 6052.

ver un perfectionnement sensible, descendre jusqu'au xve siècle. A ce moment, les têtes des apôtres prennent un caractère de vigueur et d'originalité tout à fait saisissant; ce ne sont plus des figures de convention, ce sont évidemment des études d'après nature. Sur les sceaux de Sixte IV, par exemple, on reconnaît ces beaux types de vieillards qui posaient pour les grands peintres de l'école italienne, et dont la race s'est perpétuée dans la campagne de Rome, pour la plus grande joie des artistes modernes[1]. C'est donc par une visible exagération qu'un savant éminent, contre les critiques duquel on a bien rarement à s'inscrire en faux, fait durer jusqu'à la fin du siècle de la Renaissance, ou du brillant *cinque cento,* la barbarie et l'immobilité du type des bulles pontificales[2]. Les graveurs romains ont été, il est vrai, longtemps inférieurs aux nôtres; mais l'ardeur de notre patriotisme ne doit pas aller jusqu'à nous faire méconnaître leurs progrès. Dans les temps plus rapprochés de nous, ces

FIG. 117.
BULLE DU PAPE SIXTE IV.
Face et revers (1472).

1. Coll. des Archives, n° 6081.
2. De Laborde, introd. à la Coll. des Archives, p. II.

progrès se sont encore accentués; sous Clément XII, notamment, les deux têtes classiques ont pris un air plus noble, un relief plus accusé, et sont devenues *rayonnantes,* grâce à un demi-cercle de hachures concentriques qui les entoure l'une et l'autre.

On s'est souvent demandé pourquoi, dans cette représentation symbolique de la papauté, saint Pierre se trouvait à la gauche de saint Paul, c'est-à-dire en quelque sorte à la seconde place. Certains écrivains protestants se sont même appuyés sur cette anomalie apparente pour soutenir que, dans l'origine, à l'époque où le type des bulles a été créé, la chrétienté ne reconnaissait pas la primauté de l'évêque de Rome. Mais les graveurs se sont placés, comme l'a observé Mabillon, au point de vue du spectateur et ont voulu que l'œil de celui-ci eût le prince des apôtres à sa droite. C'est ainsi, du reste, que les deux saints sont ordinairement représentés dans les églises, Pierre du côté de l'épître, et Paul du côté de l'évangile. La disposition contraire se remarque, toutefois, dans un certain nombre de monuments des premiers siècles, et cela suffirait pour détruire l'argument qu'on a voulu fonder sur celle-ci.

A la Renaissance, quelques variantes s'introduisirent dans le type traditionnel des bulles. Plusieurs papes joignirent à leur nom leurs armes personnelles. Le sceau du concordat passé entre Léon X et François Ier présente même, entre l'écu de Médicis et l'écu de France juxtaposés, une grande croix à doubles branches, avec l'inscription : INRI et la devise : *In hoc signo vinces*[1]. Paul II,

1. Ce sceau appartient à l'administration des Monnaies.

pour authentiquer un privilège accordé aux orfèvres de Paris, qui peut-être lui firent présent, à cette occasion, d'une matrice spéciale, se servit d'un type de fantaisie, où il figure assis sur son trône, assisté de deux cardinaux et ayant à ses genoux un groupe de sept personnages suppliants; l'image des deux apôtres, assis et se faisant vis-à-vis, est rejetée au revers[1]. Mais ce sont là des exceptions, qui peuvent s'expliquer jusqu'à un certain point par le caractère de l'acte, et qui n'ont laissé aucune trace dans la pratique de la chancellerie romaine.

FIG. 118.
ANNEAU DU PÊCHEUR, usité pour les brefs pontificaux. (1627.)

L'anneau du pêcheur, deuxième instrument de validation à l'usage des souverains pontifes, dérive également des habitudes romaines. D'après un passage de Macrobe, la plupart des évêques scellaient avec leur anneau dès le VIe siècle au moins. Toutefois, le premier exemple connu qui ait été donné par un pape remonte seulement à Jean XVI (985-996). L'anneau du pêcheur ne fut même régulièrement employé pour les affaires publiques qu'à partir du XVe siècle, à l'époque où la forme des brefs fut définitivement fixée; depuis lors, il dut être imprimé sur la cire rouge au bas de ces actes et plus tard sur une bandelette de parchemin destinée à les protéger ou à les fermer. Il représente,

1. Coll. des Archives, n° 6079.

comme son nom l'indique, le « pêcheur d'hommes », c'est-à-dire saint Pierre, debout dans sa barque et jetant ses filets. Par sa petite dimension comme par son peu de relief, il rentre plutôt dans le genre des cachets modernes.

Quelques conciles tenus vers la fin du moyen âge eurent des sceaux communs; les précédents scellaient leurs actes avec les sceaux particuliers de leurs membres. Le concile de Constance en fit graver un dont le sujet était emprunté aux bulles pontificales : les têtes des apôtres séparées par deux clefs en sautoir. Sur celui du concile de Bâle, d'un dessin plus compliqué, on a figuré tous les prélats réunis sous la présidence du pape, au centre le Saint-Esprit sous la forme d'une colombe, en haut Jésus-Christ bénissant l'assemblée. Au même type appartient la matrice fabriquée pour le concile de l'Église gallicane qui se réunit en 1423. Au milieu, sous l'image de la Trinité divine, symbolisée par deux têtes et par une colombe aux ailes épandues, sept personnages, dont trois mitrés, tous vêtus d'habits sacerdotaux, sont assis en demi-cercle, la face tournée vers le spectateur, et paraissent converser entre eux. Au premier plan, cinq autres ecclésiastiques, rangés en ligne droite sur un banc, sont, au contraire, tournés vers les premiers et semblent prendre part à la discussion[1]. C'est là une de ces représentations collectives comme les conseils de ville, les corps de métiers, les assemblées politiques en faisaient quelquefois faire pour leur usage. La disposition générale est à peu près la même; mais on ne peut

1. Coll. des Archives, n° 6242.

s'empêcher de reconnaître dans l'ordonnance comme dans la gravure du sceau conciliaire beaucoup plus de finesse et d'ingéniosité : les meilleurs artistes étaient, en effet, au service des princes et des clercs.

La beauté de l'ordonnancement est aussi le mérite

FIG. 119.

SCEAU DU CONCILE DE L'ÉGLISE GALLICANE.

(1423.)

capital du grand sceau d'Humbert, patriarche d'Alexandrie, qui avait été auparavant dauphin de Viennois et qui était encore administrateur de l'église de Reims, en 1354. Malgré la complication du sujet, le graveur a su éviter ici toute confusion en distribuant ses personnages dans une série de niches symétriquement disposées et harmonieusement variées. « Dans une niche principale en plein cintre, le patriarche, vu de face, assis sur un trône à têtes d'animaux, bénissant de la main droite et tenant la croix patriarcale de la main gauche; le champ semé de fleurs de lis. Au-dessus, dans une niche à clocheton gothique, la Vierge assise avec l'enfant Jésus et accompagnée de deux anges adorants. A droite du patriarche, dans une niche supérieure, saint Pierre debout; dans une niche inférieure, un écu au dauphin; au-dessus de celui-ci, une aigle nimbée (saint Luc); au-dessous, un lion ailé et nimbé (saint Marc). Puis, à droite de cette composition, sainte Catherine debout dans une niche, et au-dessus un chérubin. A gauche du patriarche, dans une niche supérieure, saint Paul debout, avec une attitude très noble; dans une niche inférieure, un écu au dauphin (retourné, pour faire pendant à celui qui se trouve en face); au-dessus, un ange (saint Jean); au-dessous, un bœuf ailé nimbé (saint Mathieu). Puis, à gauche de cette composition, un évêque debout, nimbé, tenant sa crosse à droite et un livre à gauche, et au-dessus un chérubin[1]. » Il était difficile de rassembler avec plus d'art, sur un petit espace, les principales gloires de l'Église grecque et latine. Cet ouvrage est de style français et se recommande par les qualités maîtresses des artistes de notre pays. Du reste, il n'est pas le seul dans ce cas parmi les sceaux des princes de l'Église. Celui du cardinal Pierre Bertrand, contemporain d'Humbert et fondateur du collège d'Autun, offre précisément la même clarté et la

1. Coll. des Archives, n° 6278.

même symétrie. « Dans une niche d'architecture go-

FIG. 120.

SCEAU DE PIERRE BERTRAND, CARDINAL DE SAINT-CLÉMENT

(1341.)

thique très ouvragée, un pape assis, vu de face, coiffé d'une tiare pointue, nimbé, bénissant de la main droite et tenant une ancre à gauche. Deux niches latérales à deux étages contiennent saint Pierre et saint Paul, et deux anges assis. Dans une niche inférieure, le cardinal priant, entre deux écus[1]. » Dans tous les ordres de monuments, l'on reconnaît ainsi la tournure d'esprit constante et le génie particulier de la race à laquelle nous appartenons.

Avec les évêques, nous rentrons dans une série plus régulière et plus nombreuse, tellement nombreuse, qu'on a pu en tirer l'historique presque complet de l'habillement épiscopal. Presque aussitôt que les rois, c'est-à-dire au commencement du XIe siècle (on a même quelques exemples antérieurs), les prélats français renoncèrent à l'anneau sigillaire pour adopter le grand sceau de fer ou de bronze, orné de leur effigie. Un d'eux, Arnoul de Lisieux, étant encore simple archidiacre de Séez, en 1130, leur reprochait cette prétendue marque d'ostentation ; ce qui prouve qu'elle était déjà très répandue dans le haut clergé, mais depuis peu de temps. L'évêque apparaît d'abord en buste ou à mi-corps, comme le roi de France ; mais cette demi-représentation, d'apparence plus modeste, se maintient plus longtemps pour lui, car elle subsiste, dans certains diocèses, jusqu'en 1153, 1170, et même plus tard. En 1253, un sceau de l'officialité ou du tribunal épiscopal de Paris porte encore un buste mitré qui semble bien être l'image du prélat diocésain[2]. Cependant le type assis et le type debout sont concurremment em-

1. Coll. des Archives, nº 6180.
2. *Ibid.*, nºs 7003, 7004.

ployés dès le XIIe siècle au moins. Dans ce cas, l'évêque porte, d'ordinaire, ses habits d'officiant, l'amict, l'aube, la dalmatique, la chasuble, l'étole, le manipule:

FIG. 121.
SCEAU DE MAURICE DE SULLY, ÉVÊQUE DE PARIS.
(1170.)

il est coiffé de la mitre (auparavant il a la tête nue); ses mains sont gantées; de sa main droite, où l'on distingue quelquefois l'anneau pastoral, il bénit, tandis que de la gauche il tient la crosse, emblème de son autorité.

C'est ainsi qu'a été reproduit sur le métal, entre cent autres, le portrait du célèbre Maurice de Sully, qui entreprit la construction de Notre-Dame de Paris (1170). Le pontife est sur un trône à têtes d'animaux, vu de face, la tête couverte de la mitre *cornue*, adoptée par la mode de son temps et remplacée un peu plus tard par une autre forme de coiffure, se rapprochant davantage de la mitre moderne. Il lève trois doigts pour bénir; mais ceci est apparemment une faute du graveur, car les autres évêques n'ont que deux doigts levés. Sa crosse, posée de biais, est dépourvue d'ornements, et tout le dessin, du reste, est d'une grande simplicité[1].

Il faut descendre au siècle suivant pour voir la recherche et l'élégance s'introduire dans les sceaux des clercs. Un de ceux où éclatent le plus ces qualités est celui d'Antoine, évêque de Durham, en 1298. Ce personnage porte sur le devant de sa chasuble une grande croix recercelée; l'extrémité de sa crosse forme deux branches délicates, inégalement recourbées, annonçant la riche décoration que recevra bientôt cette partie du bâton pastoral; sa mitre est couverte d'orfrois. A sa droite et à sa gauche sont figurées deux petites niches contenant une sainte et un évêque. Mais ce n'est pas encore assez : le prélat anglais a fait graver au revers de son sceau le couronnement de la Vierge, scène classique, comprenant deux figures d'assez grandes proportions, puis, au-dessous, sa propre image, beaucoup plus petite, dans l'attitude de la prière[1]. Les détails de

1. Coll. des Archives n° 6782.
2. *Ibid.*, n° 10224.

ce joli tableau sont traités avec toute la finesse des graveurs de l'école britannique. A la même époque, les artistes allemands prêtaient encore à leurs évêques une taille courte, une tournure épaisse et lourde ; on en a la preuve dans le sceau des archevêques de Mayence, que j'ai donné ailleurs[1], et qui, bien qu'assez curieux au point de vue archéologique, dénote un art évidemment inférieur. Les Français, au contraire,

FIG. 122.
SCEAU D'ANTOINE, ÉVÊQUE DE DURHAM.
(1298.)

donnaient déjà à la physionomie de leurs pontifes,

1. *Saint Martin*, p. 577.

comme à celle de leurs princes, un air noble et distingué, et savaient entourer leur image de motifs d'ornementation très variés : clefs, croissants, étoiles, fleurs de lis, figures de saints, etc. Ils les mettaient à genoux devant la sainte Vierge et les anges, comme nous voyons Eudes Rigaud, archevêque de Rouen. Ils les plaçaient sous des arcades gothiques, soutenues par des colonnettes surmontées de petits édicules, comme ils ont fait pour Jean de Rochefort, évêque de Langres, dont Douët d'Arcq a remarqué l'agréable expression. « La tête, dit-il, est fort bien conservée, le visage plein et aimable, les yeux très ouverts ; mais les oreilles sont tellement accusées, qu'on peut y supposer une intention : celle de montrer que l'évêque doit avoir l'oreille ouverte à tous (ou surveiller tout, ἐπίσκοπος). Les plis de l'aube descendent jusque sur les sandales ; la dalmatique, ornée d'une large bro-

FIG. 123.
SCEAU DE JEAN DE ROCHEFORT, ÉVÊQUE DE LANGRES.
(1296.)

derie au bas et aux manches, a, de plus, une rangée de points ou de perles qui indiquent les fentes de chaque côté. Le croçon de la crosse est ouvragé; le manipule, très bien indiqué, est brodé comme la dalmatique[1]. » En un mot, le costume est reproduit avec un luxe de détails qui ajoute encore au charme du personnage. Bientôt après, les fonds guillochés viendront soutenir la figure. Puis les portraits plus ou moins authentiques des prélats seront accompagnés de leurs armoiries. Mais, néanmoins, leur décoration demeurera presque toujours plus sobre que celle des grands seigneurs laïques.

Les dignitaires ecclésiastiques de l'ordre inférieur sont aussi représentés en personne sur leurs sceaux. Ils portent également les habits d'officiant, et leur main droite, au lieu de bénir, tient un livre ou un autre objet. Rarement leur effigie est remplacée par un fait historique ou légendaire se rattachant à leur église; tel est le cas, cependant, pour le sceau d'Aubry, doyen de Saint-Martin de Tours (1233), où l'on a voulu rappeler la messe miraculeuse de saint Martin, durant laquelle sa tête apparut aux assistants couronnée d'une auréole de flammes[2]. Il en est de même pour les abbés réguliers. Leur figure traditionnelle fait son apparition de très bonne heure; car dès 1091, d'après M. Dehaisnes, Alold, abbé de Saint-Vaast d'Arras, nous est montré debout, la tête nue, avec une couronne de cheveux dans la forme prescrite aux moines, vêtu

1. Coll. des Archives, n° 6622.
2. Voy. la reproduction de ce sceau dans *Saint Martin*, p. 203.

d'une longue robe dessinant ses membres, tenant de la main gauche un livre appuyé sur sa poitrine et de la main droite une crosse[1]. On sait, en effet, qu'un certain nombre de ses pareils avaient le droit de paraître en public *crossés* et *mitrés;* aussi la mitre est-elle posée sur leur tête dans plusieurs sceaux du XIIIe siècle et des époques postérieures. Quelquefois même, ils ont la main levée pour bénir et sont accompagnés d'écussons ou de dais d'architecture, absolument comme les évêques, qu'ils égalaient ou dépassaient en puissance et en privilèges. Mais parfois aussi les abbés, les prieurs, ou les religieux placés sous leur conduite, ont tenu à perpétuer la mémoire d'un trait de la vie de leur fondateur, de leur patron, ou tiré des annales de leur communauté. C'est ainsi que les Carmes de la rue des Billettes, à Paris, ont fait graver sur leur sceau la scène qui a rendu leur maison si célèbre au moyen âge, à savoir le sacrilège commis par un juif sur une hostie dérobée à l'autel, sous le règne de Philippe le Bel; on y distingue le profanateur soufflant le feu sous une chaudière, d'où sort le Christ en croix, et au-dessous quatre moines joignant les mains

FIG. 124.
SCEAU
DES CARMES-BILLETTES.
Le miracle des Billettes.
(1475.)

1. *Histoire de l'art en Flandre*, p. 49.

pour offrir à Dieu des prières expiatoires[1]. C'est ainsi encore que les Frères Prêcheurs de Saint-Omer ont pris pour emblème saint Dominique enseignant ses disciples; ceux de Douai et de Montargis, le même saint jetant son livre au feu, qui ne peut l'entamer, tandis qu'il consume immédiatement celui des hérétiques Albigeois (action bien connue, qui a été prise par M. Renan et par d'autres pour un autodafé); les Frères Mineurs d'Auxerre, saint François d'Assise prêchant aux oiseaux (et cela dès le siècle de saint François); l'abbaye de Saint-Symphorien de Metz, le martyre de saint Symphorien, que l'on voit décapité par un bourreau du temps de Charles VII, armé d'une longue et large épée[2].

Les titulaires de certains offices claustraux sont représentés, comme les artisans, par les instruments à leur usage : le prieur, chargé de sonner les matines, est désigné par une cloche; le chambrier, auquel revient le soin d'habiller les moines, par une paire de ciseaux; le pitancier, par un couteau de cuisine; le trésorier, par un trousseau de clefs. Mais les bons religieux n'étaient pas toujours aussi sérieux dans l'application de la théorie si répandue des armes parlantes : comme les inventeurs du blason, et comme les rédacteurs de tant d'enseignes populaires, ils descendaient au besoin jusqu'au rébus. L'un d'eux, un prieur de Saint-Germain d'Auxerre, ne s'est-il pas avisé de rendre le nom de son couvent par ce dessin cabalistique :

1. Coll. des Archives, n° 9679.
2. *Ibid.*, Artois, n°s 8286, 9740, 2813 etc.

un singe au milieu de l'air, serrant son dos avec sa main ? Ce qui se traduit ainsi : *Singe — air — main — dos — serre*[1]. C'est le pur calembour introduit dans le langage sigillaire; inoffensif divertissement, que l'on pardonnait sans peine aux austères habitants du cloître.

Les Universités, les Facultés, les hôpitaux, tous ces grands établissements religieux dont l'idée ne s'incarnait point dans un homme, avaient des sceaux symboliques, combinés de façon à exprimer de la façon la plus complète et la plus intelligible leur but, leur esprit, les occupations de leur personnel. Celui dont la fameuse Université de Paris se servait au XIIIe siècle est un modèle du genre; et, de fait, il a été imité avec autant de bonheur que d'exactitude lorsque les fondateurs de la moderne Université catholique ont voulu doter leur institution d'un sceau qui rappelât le sujet et la disposition de l'ancien. Il comprend trois compartiments principaux. « Dans celui du milieu : dans une niche supérieure, la Vierge avec l'enfant Jésus, assise et accostée d'un croissant et d'une étoile; dans deux niches médianes, deux docteurs assis sur des chaises, de profil, se faisant vis-à-vis et lisant dans des livres; et dans deux niches inférieures, quatre écoliers assis par terre et lisant. Dans le compartiment à dextre : un évêque debout, vu de profil à droite et tenant sa crosse des deux mains; dans une niche inférieure, un petit personnage assis. Dans le compartiment à sénestre : deux saints nimbés, debout et tenant des palmes; dans une

1. Voy. les *Mémoires de la Société des antiquaires de France*, t. XVIII, p. 120 et suiv.

niche inférieure, un évêque à genoux[1]. » Au revers, se voit une femme assise sur un siège à dossier triangulaire, tenant d'une main la colombe, emblème du Saint-

FIG. 125. — SCEAU DE L'UNIVERSITÉ DE PARIS.

(1292.)

Esprit, et de l'autre une fleur de lis. Il était difficile de peindre plus clairement, et dans un style plus relevé,

1. Coll. des Archives, nº 8015. Une matrice en argent du sceau de l'Université de Paris, datant du XVe siècle, existe au Cabinet des médailles.

la profession des maîtres et des élèves, leurs travaux journaliers, et en même temps les divers patronages sous lesquels s'abritait le grand corps enseignant qui distribuait la science au monde entier. C'est encore là un chef-d'œuvre d'entente et de composition. La nation d'Angleterre, partie intégrante de la même Université, avait, pour son usage particulier, un type également très remarquable, où, au-dessus d'un docteur instruisant deux écoliers, figurent saint Martin partageant son manteau avec le pauvre (les étudiants anglais avaient une grande dévotion pour l'illustre évêque de Tours), puis, plus haut, sainte Catherine avec une autre sainte, et enfin, au sommet, dans le ciel, le couronnement de la Vierge, la protectrice commune de la célèbre institution[1]. Tous les monuments de cette catégorie sont des livres fermés, mais faciles à ouvrir, où l'on peut apprendre le secret de la vie des écoles dans ces âges de foi et d'enthousiasme scientifique.

Pour les hôpitaux, la patronne ordinaire, celle dont l'image se rencontre le plus souvent sur la cire, est sainte Élisabeth de Hongrie, cette incarnation héroïque de l'amour des pauvres. Les établissements charitables d'un bon nombre de villes flamandes l'ont prise dans un de ses actes les plus méritoires et les plus familiers, au moment où elle lave par humilité les pieds des indigents. Elle est là, « la chère sainte », comme l'appelait son biographe, penchée avec un tendre sentiment de compassion vers un malade assis

1. Coll. des Archives, n° 8016.

devant elle, et tenant un de ses pieds au-dessus d'un bassin rempli d'eau. Elle n'a pas l'air de se douter du mérite de son action. Le nimbe des bienheureux environne déjà le front de la fille des rois, et, du haut du ciel, indiqué par deux étoiles et deux croissants, la main divine la bénit. Telle est la composition du sceau de l'hôpital de Valenciennes. Sur celui du Béguinage de Lille, un second pauvre attend son tour derrière le premier, tandis que deux autres personnages assistent, l'air édifié, à ce spectacle étonnant[1]. Ailleurs, la sainte distribue de sa main des aumônes aux malheureux. Par extraordinaire, le miracle des roses ne figure pas dans ce petit cycle spécial; mais le fameux trait de charité du grand évêque de Tours, celui qui a porté son nom jusqu'au bout de l'univers, et que les sigillographes appellent par excellence la « légende de saint Martin », a inspiré

FIG. 126.
SCEAU DE L'HOPITAL DE VALENCIENNES.
Sainte Élisabeth lavant les pieds d'un pauvre.
(1263.)

1. Demay, *Sceaux de la Flandre*, n° 7565. Cf. *Sainte Élisabeth* par Montalembert, éd. Mame, p. 530-533.

presque aussi souvent les graveurs sur métal que les sculpteurs ou les peintres.

Les ordres militaires religieux, qui tiennent de si près aux œuvres pies, se faisaient remarquer par des types significatifs. L'ordre de Saint-Jean de Jérusalem, le plus ancien et le plus renommé avec celui du Temple, avait à la fois des sceaux représentatifs et des sceaux symboliques. Les premiers étaient ceux du grand-maître, qui était figuré à genoux devant une croix, ordinairement plantée, à une certaine époque, sur le crâne d'Adam, ou bien simplement à mi-corps, avec la croix pattée brodée sur l'épaule gauche. Mais, au revers de ces mêmes sceaux, on voyait un corps étendu devant une sorte d'autel, comme si on lui rendait les honneurs funèbres, et ce sujet, d'après un document explicatif publié par M. Delaville Le Roux, était une allusion à la plus touchante pratique de charité que la règle imposait aux chevaliers de l'Hôpital, l'ensevelissement des morts. Les bulles capitulaires de l'ordre présentaient, d'un côté, un motif analogue, et, de l'autre, des chevaliers agenouillés, qui étaient, dit-on, les conseillers élus par chaque langue pour assister le grand-maître. Sur les sceaux des dignitaires de cette illustre milice, on reconnaissait aussi des frères soignant les malades, et d'autres portant le gonfanon[1]. Sur ceux des Templiers, on distinguait tantôt l'édifice du Temple, tantôt deux cavaliers montés sur le même cheval[2].

1. Voy. les *Mémoires de la Société des antiquaires de France*, an. 1880, p. 52 et suiv.

2. De Mas-Latrie, *Bibl. de l'École des chartes*, an. 1847-48, p. 385 et suiv.

Ce dernier sujet a été pris pour un emblème de la pauvreté primitive de l'ordre, qui était, en effet, très rigoureuse; mais il signifie plutôt l'union intime qui devait régner entre ses membres, accouplés souvent deux à deux dans l'exercice journalier de leur profession. Ainsi tout servait à rappeler à la chevalerie religieuse les vertus et les devoirs qu'elle était tenue de pratiquer, et qui firent si longtemps sa force.

Pris en bloc, les sceaux ecclésiastiques peuvent apporter le plus grand secours à l'iconologie sacrée. On a composé de gros in-folio avec les *caractéristiques des saints* dans l'art de tous les temps et de tous les pays : on ferait un dictionnaire avec les attributs, les symboles, les souvenirs légendaires qui accompagnent sur la cire leur effigie. Tant d'établissements pieux l'ont arborée comme enseigne! Tant de graveurs l'ont multipliée sous tous les aspects et sous toutes les formes! C'est là un domaine mal défriché, une forêt presque vierge encore : je ne m'aventurerai point dans ses méandres; d'ailleurs, la place me manquerait. Rien que pour étudier la manière de représenter les trois personnes divines, les anges, la sainte Vierge, il faudrait de longues pages; et cette étude exigerait des connaissances préalables aussi approfondies que variées. En effet, chaque trait, chaque coup de burin, pour ainsi dire, a sa signification et son intention dans l'œuvre du « tailleur de sceaux ». Il ne sacrifie que très rarement au caprice; le peu d'espace dont il dispose ne le lui permet pas. Dans le vitrail, dans la sculpture d'ornement, l'artiste peut donner libre cours à son imagination. Ici, il est enchaîné par des traditions et des règles fixes non moins que par la forme et la dimension du champ. C'est un monument d'un caractère officiel qu'il exécute. Il n'y apporte que plus de soin et n'en reproduit qu'avec plus de minutie les détails obligés de son sujet. On peut donc se fier à lui, non seulement pour l'éclaircissement des mystères du symbolisme, mais pour celui d'une foule de questions archéologiques sur lesquelles, en passant, il a projeté une lueur précieuse. Si les portraits, si les scènes, si les vues qui ont passé sous nos yeux ne sont pas toujours d'une ressemblance parfaite, c'est que le talent lui a manqué ou que le modèle lui a fait défaut; mais il s'est toujours efforcé de rendre fidèlement la vérité naturelle ou la vérité traditionnelle, et cet effort consciencieux a valu à la science moderne la plus sûre et la plus abondante source d'éléments iconographiques que le passé nous ait léguée.

CHAPITRE IX

LES LÉGENDES

Disposition des légendes sigillaires. — Leur écriture; abréviations; ornements. — Langue usitée pour leur rédaction. — Ce que disent les inscriptions des sceaux royaux, seigneuriaux, populaires, ecclésiastiques. — Légendes des contre-sceaux; leur variété. — Devises pieuses, cris de guerre, facéties. — Dates inscrites sur quelques sceaux.

En dehors du type proprement dit, ou de la figure qui occupe du champ, les sceaux, pour être complets et pour être authentiques, doivent avoir leur *légende*. On appelle ainsi l'inscription qui suit ordinairement leur contour extérieur et qui exprime le nom de leur propriétaire. Bien que cet élément ne rentre plus précisément dans les appartenances du dessin, il a souvent un caractère artistique, et il a toujours une importance capitale : double raison pour ne pas omettre d'en parler ici.

La légende se compose généralement d'une ligne, rarement de deux. Elle est disposée de façon à se lire en dedans, c'est-à-dire que le sommet des lettres se trouve du côté extérieur; cette règle ne souffre que très peu de dérogations. C'est par une exception tout à fait rare également que le texte gravé, au lieu d'être en bordure, est reporté dans le champ, soit sur un phylactère, soit sur plusieurs lignes horizontales ou verticales, ou que le nom du personnage est remplacé par son monogramme figuré au centre du sceau: le chapitre de de Notre-Dame de Paris avait imaginé de mettre au milieu du revers le monogramme de sa patronne, *Maria*[1]. mais il peut arriver, par exemple, qu'une autre inscription, expliquant l'objet ou l'action représentée, se lise à cette place.

FIG. 127.
SCEAU DU CHAPITRE DE NOTRE-DAME DE PARIS.
Revers.
Monogramme de la Vierge.
(1216.)

Les caractères employés varient suivant l'écriture du temps, attendu qu'ils devaient être lisibles pour tous ceux qui pouvaient avoir à vérifier l'authenticité de l'acte. Néanmoins, ce sont presque toujours des capitales : d'abord, la capitale romaine dégénérée, ou capitale barbare; puis la capitale carolingienne, plus régulière, mais où se mêle quelque peu l'écriture onciale, et où les mots ne sont pas encore séparés; puis la majuscule capétienne ou gothique, et, seulement depuis le milieu du XIVe siècle jusqu'à la fin du XVe environ, la minuscule gothique, dont les barbes et les liaisons altèrent la clarté. Avec la Renais-

1. Coll. des Archives.

sance reparaît une capitale nouvelle, maigre et bâtarde, qui s'éclipsera devant l'ample et majestueux caractère épigraphique mis à la mode sous Louis XIV.

La première lettre de la légende est précédée d'un signe initial, bien nécessaire, on l'avouera, pour indiquer par où l'on doit entreprendre la lecture de cette roue écrite, qui, à première vue, semble n'avoir ni commencement ni fin. Ce signe se trouve d'habitude à la partie supérieure du type; il consiste en une croix grecque et peut devenir un motif d'ornementation. Les points qui viennent séparer les mots à partir du XIIe siècle prennent aussi, assez fréquemment, l'aspect d'un ornement de fantaisie : étoile, quintefeuille, croisette, annelet, sautoir. Dans la minuscule gothique, des palmes, des fleurettes, des rameaux parasites viennent encore s'intercaler entre les mots, en dehors de toute ponctuation. Sous son règne, qui est en même temps celui de la fioriture, la légende rentre ainsi par une porte détournée dans le domaine du dessin.

Les abréviations dans le corps des mots sont plus rares que dans la plupart des manuscrits; on a voulu supprimer autant que possible les difficultés de lecture. Cependant l'étroitesse du cercle réservé à l'inscription a rendu inévitables certains sigles ou signes abréviatifs, tels que S. pour *sigillum* ou *seel*, B. M. pour *Beate Marie*, DNI pour *domini*, MGR pour *magister*, etc. Le nom même du propriétaire du sceau peut être représenté par sa seule initiale, et dans ce cas la traduction est plus malaisée; mais la charte à laquelle l'empreinte est appendue fournit habituellement la vraie lecture, quand ce n'est pas, au contraire, le sceau qui facilite celle de la charte. On voit par là, une fois de plus, de quel intérêt il est de ne pas séparer l'un de l'autre ces deux témoins d'un même fait, réunis intentionnellement par un lien durable. Mais, indépendamment de ces abréviations par suppression de lettres, dont l'étude relève de la paléographie ordinaire, les graveurs ont très souvent cherché à gagner de la place en soudant plusieurs caractères ensemble, de façon à leur donner des jambages communs; c'est ce qu'on appelle, dans le langage technique, des lettres *conjointes*. Ce procédé bien connu est très usité dans les inscriptions lapidaires. Pour le reste, les expédients ingénieux employés sur les sceaux diffèrent peu de ceux auxquels on a eu recours dans les manuscrits et sur les monnaies[1].

La langue des légendes donnerait matière à des observations plus importantes, car le dialecte vulgaire y fait son apparition de très bonne heure, avant même de s'introduire dans la teneur des chartes; ce qui s'explique encore par le besoin de rendre plus facile à tous le contrôle du signe de validation. Jusqu'au début du XIIIe siècle, c'est l'idiome savant, c'est le latin qui règne seul dans ce petit domaine, si borné, mais si riche. Il y régnera toujours; cependant, à partir de cette date, le français, sans lui disputer le sceptre, se mêle à lui dans une proportion de plus en plus forte. Il se glisse d'abord sur les sceaux féminins, comme si les femmes, parlant moins la langue des clercs, voulaient aussi la faire parler moins aux objets à leur usage. En 1210,

1. Une liste des principales abréviations sigillaires a été donnée par Demay, en tête de son inventaire des *Sceaux de la Normandie*, p. 11 et suiv.

on lit sur le contre-sceau de Blanche de Navarre, épouse de Thibaud, comte de Champagne, cette devise connue : PASSAVANT LE MEILLOR. Ceci n'est pas, à proprement dire, une légende. Mais, un peu plus tard, en 1239, la femme d'Hugues d'Antoing, nommée Philippe, rédige ainsi la sienne : SEEL PHELIPE DE HAINES, DAME D'ANTOING. Bien auparavant, du reste, on rencontre des mots français, et surtout des noms propres, intercalés au milieu d'inscriptions latines : SIGILLUM ADE DE WALLENCURT (1177); SIGILLUM DOMINI ODONIS DE HAM (1179); SIGILLUM HEDEVE DE MONCI (1180). En effet, la forme originelle et savante des noms de fiefs devait être souvent difficile à retrouver pour les seigneurs et les chevaliers, qui ne parlaient guère plus que les dames le langage des lettrés. C'est cette cause inaperçue qui entre-bâilla la porte à l'idiome populaire. Bientôt après, ce vêtement inusité recouvrit à leur tour les prénoms : SIGILLUM GUILLEUME DE CAVES (1226); SIGILLUM RODRIGO DIAZ DE LOS CANBEROS (même date). Le même phénomène se reproduit, on le voit, chez les autres nations néo-latines. Et peu à peu l'on en arrive ainsi à graver, sans trop choquer les oreilles des clercs et des hommes de loi, défenseurs obstinés du monopole de la vieille langue romaine, des légendes tout entières en français : SEEL JEHAN DE MONTFORT, CHEVALIER (1274); SEEL MISIRE AUNSEL, BOUTELIER DE SANTLIZ[1] (1285); etc. Néanmoins, il faut le répéter, les inscriptions de cette classe, très intéressantes au point de vue philologique, demeureront des exceptions et des hardiesses jusqu'à

1. Voy. Demay, *Sceaux de la Normandie*, p. 21.

une époque assez rapprochée de nous, même dans les sceaux laïques. Les rois de France, entre autres, ne renonceront à la formule latine qu'en 1617[1].

Primitivement, les sceaux royaux portaient avec une régularité constante le nom du roi au nominatif et en toutes lettres, suivi du titre officiel : *rex Francorum*. Les princes carlovingiens introduisirent plusieurs variantes, motivées en partie par la situation nouvelle faite à la royauté française : CHRISTE, PROTEGE CAROLUM, REGEM FRANCORUM ; CHRISTE, PROTEGE HLUDOWICUM IMPERATOREM[2]. On sent passer dans ces formules, comme dans celles de leurs monnaies, le souffle chrétien qui animait les fondateurs du nouvel empire d'Occident et les énergiques soutiens de l'Église romaine. L'invocation de Charles le Chauve est déjà moins enflammée : GLORIA SIT CHRISTO, VICTORIA CARLO. Charlemagne se contentait d'implorer la protection divine; son petit-fils déclare qu'il veut la victoire pour lui. Puis il reprend simplement l'ancienne légende, en ajoutant à son titre les mots *gratiâ* ou *misericordiâ Dei*, qui resteront consacrés jusqu'aux derniers jours de la monarchie[3]. Enfin, à l'apparition des grands sceaux de majesté, sous Robert, sous Henri Ier, la royauté nationale reçoit son assiette et son caractère définitifs; de même, l'inscription qui entoure l'effigie du prince prend sa forme fixe, désormais invariable : HENRICUS, DEI GRATIA FRANCORUM REX[4]. On y ajoutera seulement, à la fin du

1. Coll. des Archives, n° 110.
2. *Ibid.*, nos 15, 17.
3. *Ibid.*, nos 21, 26.
4. *Ibid.*, nos 31, 32, etc. Pour toutes ces légendes royales, on

moyen âge, un numéro d'ordre destiné à distinguer les souverains du même nom; mais cette légère innovation ne se maintiendra même pas, et l'addition du titre de *roi de Navarre* viendra seule modifier l'aspect traditionnel de la formule officielle. C'est ainsi que la légende des sceaux subit, comme leur type lui-même, le contre-coup des événements, et peut, à elle seule, fournir la base d'un cours d'histoire.

Les seigneurs, ou du moins les grands feudataires de la couronne, ne mirent d'abord que leur nom et leur titre au nominatif, à l'instar de leur suzerain; ils n'y joignirent même pas toujours le nom de leur terre. Mais la confusion engendrée par la multiplication des fiefs, puis par celle des sceaux, ne tarda pas à les amener à une rédaction plus précise. Presque tous transportèrent leur nom au génitif, et le firent précéder du mot *sigillum* ou de son initiale. « Ceci est un sceau »; il n'y avait plus moyen de s'y tromper. Et, par l'addition d'un second mot, le nom du fief, ils spécifièrent : « Ceci est le sceau d'un tel, comte ou seigneur de tel endroit. » SIGILLUM RADULFI, COMITIS CLARIMONTIS. — SEEL COLART, SIGNEUR D'AUBRECHICOURT [1]. De simples chevaliers, des écuyers même firent suivre leur nom personnel de ces qualités, lorsqu'ils n'en avaient pas d'autres. Bientôt tous les titres furent inscrits sur les sceaux; ce fut à qui en mettrait le plus. Les hommes firent l'énumération de leurs fiefs : SIGILLUM JOHANNIS DE GUINIS, VICECOMITIS MELEDUNI, DOMINI DE FERITATITUS AD COULAM ET

peut se reporter aux figures données ci-dessus, qui reproduisent les sceaux entiers.

1. Collection des Archives, nos 1042, 1225.

GAUCHERI. — SIGILLUM JOHANNIS, DUCIS BOURBONENSIS ET ALVERNIE, COMITIS CLARIMONTIS ET FORENSIS, DOMINI BELLIMONTIS, PARIS ET CAMERARII FRANCIE[1]. Les femmes mentionnèrent leur naissance et les dignités de leur mari : SIGILLUM MARGARETE, REGIS SICILIE FILIE, VALESII, ALENÇONII ET ANDEGAVIE COMITISSE[2]. De tout temps, du reste, les fils ou filles de rois avaient tenu à honneur de rappeler le haut rang de leur père, et les fils aînés de France ne portaient pas d'autre titre que celui-là : SIGILLUM PHILIPPI, DOMINI REGIS FRANCORUM PRIMOGENITI[3]. Il faut certainement voir dans cette tendance à allonger de plus en plus le texte des légendes la principale cause de l'agrandissement graduel des sceaux de la noblesse, vers la fin du moyen âge; en effet, la place manquait, et, pour la même raison, les abréviations en arrivaient à l'excès.

Les bourgeois, les paysans se bornaient à leur nom précédé de l'initiale S; mais assez souvent les artisans, les hommes de métier énonçaient leur profession, qu'ils regardaient comme un titre d'honneur : SIGILLUM JOHANNIS CARPENTARII. — SEEL JEFROI, LE CHAPELIER DE BONET. — SEEL HENRI CHAILLAU, L'ESCREMISSEUR DE CHAALLONS[4]. Quant aux villes et aux communes, elles avaient des sceaux variés pour leur maieur, leurs échevins ou consuls, leurs tribunaux, leur « commun », et chacun d'eux portait simplement l'indication de cette destination spéciale, avec celle de la localité, en français ou en latin.

1. Collection des Archives, nos 589, 461.
2. *Ibid.*, no 1037.
3. *Ibid.*, no 187.
4. *Ibid.*, nos 5860 à 5862.

On a vu plus haut que les légendes pontificales formaient, par une exception remarquable, le type même des bulles, au moins d'un côté, et en occupaient le milieu, au lieu d'en suivre le contour. Celles des évêques suivirent à peu près la même marche que celle des seigneurs laïques. D'abord elles ne comprirent que le prénom du personnage et son titre au nominatif, avec le nom de l'évêché : ARNULFUS, LEXOVIENSIS EPISCOPUS[1]. Bientôt quelques prélats commencèrent à y joindre la formule pieuse adoptée par les rois : *Dei gratiâ*, ou *permissione divinâ;* puis tous mirent leur nom au génitif, avec le mot *sigillum* devant. Aux XIIe et XIIIe siècles, il n'est pas rare de voir un évêque s'intituler *frère* ou *maître*. Dans le premier cas, c'est qu'il était sorti d'un ordre religieux : SIGILLUM FRATRIS GUILLELMI, DEI GRATIA, ANICIENSIS EPISCOPI[2]. (Guillaume II, évêque du Puy, avait été prieur de la Chaux, dans le diocèse de Clermont.) Dans le second, c'est qu'il était docteur et qu'il avait enseigné dans les écoles, comme le célèbre Pierre Lombard, le Maître des sentences, dont le sceau portait : SIGILLUM MAGISTRI PETRI, PARISIENSIS EPISCOPI[3]. Les chapitres, les tribunaux ecclésiastiques, se distinguaient par l'énoncé de leur qualité, du nom de leur église et quelquefois du patron de celle-ci. Il en était de même des établissements monastiques et de leurs supérieurs, soit pour leurs types particuliers, soit pour ceux qui leur étaient communs; seulement les noms des abbés, prieurs, etc., lorsqu'ils devaient figurer,

1. Collection des Archives, n° 6657.
2. *Ibid.*, n° 6824.
3. *Ibid.*, n° 6781.

étaient plus régulièrement précédés du mot *fratris* : SIGILLUM FRATRIS YVONIS, MISERATIONE DIVINA, ABBATIS CLUNIACENSIS [1].

Les légendes gravées sur les contre-sceaux offrent plus d'intérêt que les autres, et surtout plus de variété. En effet, il ne s'agit plus là de désigner le propriétaire et d'attester sa qualité. Cette désignation se trouve suffisamment faite du côté de la face. Si on la répète quelquefois sur le revers, c'est qu'il y a lieu d'y introduire une variante ou un supplément. Ainsi les rois, en se faisant représenter sur leur contre-sceau sous les traits d'un chevalier armé de toutes pièces, accompagnent volontiers cette figure équestre, non plus de leur titre royal, qui est reproduit avec le type de majesté, mais d'un de leurs titres seigneuriaux, convenant davantage au type seigneurial par excellence. Louis le Jeune, par exemple, après avoir enfermé son image assise dans la légende officielle : LUDOVICUS, DEI GRATIA, FRANCORUM REX, ajoute autour de son portrait à cheval les mots : ET DUX AQUITANORUM [2]. D'un côté, c'est le souverain trônant dans l'éclat de sa gloire et de sa puissance; de l'autre, c'est le seigneur féodal, c'est le chevalier dans l'exercice de sa profession, qui est celle des armes. Le roi de France, au début de la troisième race, n'était effectivement que le premier des barons.

Mais, la plupart du temps, l'inscription du contre-sceau n'a aucun rapport avec celle du sceau proprement dit. C'est une sentence, un cri de guerre, une devise

1. Collection des Archives, nº 8653.
2. *Ibid.*, nº 36.

dictée par la fantaisie, sérieuse d'ordinaire, et quelquefois plaisante. Un certain nombre de clercs et de seigneurs, au lieu de conserver la formule classique : Secretum meum ou Sigillum secreti mei, saisissent

FIG. 128.

SCEAU ÉQUESTRE DE LOUIS VII, ROI DE FRANCE ET DUC D'AQUITAINE.

Revers du grand sceau, portant la fin de la légende.

(1141.)

l'occasion, toujours très recherchée, de placer une phrase de la Bible : Secretum meum mihi[1]. Cette locution obscure n'a l'air que d'une redondance ou d'un

1. Collection des Archives, n°s 311, 1375, 1408, 1496, etc.

pléonasme dépourvu de toute espèce de sel, si, comme l'ont fait jusqu'à présent les sigillographes, on omet de la rapprocher de la source d'où il est tiré. Mais quelle malice et quelle joie, pour ces naïfs amateurs de doubles sens, de prendre dans la bouche du prophète Isaïe un verset où il fait dire au Seigneur : « Mon secret est à moi[1], » et de lui faire dire : « Ceci est mon sceau à moi ! » Une citation et un jeu de mots : deux aubaines à la fois.

D'autres devises sont inspirées par une pensée analogue, celle de convaincre le lecteur de l'authenticité de l'emblème qu'il a sous les yeux : CREDE MIHI. — TESTIMONIUM VERI. — GAUFRIDI CAPITI CREDITE SICUT EI[2]. D'autres l'engagent à rompre la cire (quand il s'agit d'un signet fermant une lettre) et à chercher la vérité sous l'empreinte qui la recouvre : FRANGE, INSPICE, LEGE, TEGE, COMPLE. — SUB SCUTO PATRIS MEI EST MEUM SECRETUM[3]. Mais une quantité de contre-sceaux portent, au contraire, des sentences banales, d'espèce très variée ; des maximes pieuses, par exemple : SIT NOMEN DOMINI BENEDICTUM. — CAPUT NOSTRUM CHRISTUS. — AVE, CRUX PRECIOSA[4]. Les légendes de cette catégorie sont naturellement plus fréquentes chez les clercs et les moines. Les paroles de la Salutation angélique se rencontrent aussi fort souvent, ainsi que différentes invocations à la Vierge ou aux saints. Un sentiment d'humilité chrétienne éclate dans une inscription qui paraît avoir été

1. Isaï, XXIV, 16.
2. Coll. des Archives, nos 3899, 5306, 8822.
3. *Ibid.*, nos 8523, 1261.
4. *Ibid.*, nos 8918, 9392, 7000, etc.

très appréciée par les gens d'église : GRATIA DEI SUM ID QUOD SUM[1]. Des conseils philosophiques sont exprimés dans quelques autres : OMNIA CUM CONSILIO FAC, ET POST FATUM[2]. Sur les signets des nobles, ce sont des cris de guerre, des devises empruntées au blason : POUR CE QU'IL ME PLEST ! (Contre-sceau du connétable de Clisson.) — PASSAVANT LE MEILLOR. (Comtes de Champagne.) — A MA VIE ! (Jean IV, duc de Bretagne.) — ARMAIGNAC ! (Jean Ier, comte d'Armagnac[3].)

Le jeu de mots, la facétie se glissent également dans cette classe de légendes. Les *fous* des princes en particulier, lorsqu'ils se permettent d'avoir des sceaux, ne manquent pas d'y faire graver quelque emblème plaisant ou quelque trait d'esprit, pour bien montrer que, dans toutes les occasions, ils remplissent leur rôle avec conscience. Une mention spéciale, en ce genre, est due au pauvre Pierre, « le fol de Tau », attaché, en 1300, au service de la comtesse d'Artois. Il a choisi pour sujet principal un fromage en forme de gâteau, et, ne pouvant faire tenir sur le revers l'explication rimée destinée à l'accompagner, il l'a transcrite à côté :

En quel tesmoignage,
Je, qui ne sui pa sage,
Ai seelée ceste page
De mon seel à fourmage[4].

Ce singulier quatrain nous apprend au moins qu'il

1. Collection des Archives, nos 7198, 6413, 6746, etc.
2. *Ibid.*, no 8220.
3. *Ibid.*, nos 202, 571, 550, 948.
4. *Sceaux de l'Artois*, no 2192.

existait des sceaux d'une nature spéciale pour marquer les fromages, denrée très en vogue chez nos pères, qui tenaient sans doute à en empêcher la falsification et à donner aux meilleurs échantillons un certificat d'origine; mais est-il bien propre à relever aux yeux de la postérité le prestige de l'obscur rimailleur?

Enfin, un dernier genre d'inscription qui se rencontre, à partir du XIIIe siècle, sur les contre-sceaux, c'est la date; non, bien entendu, la date de la pièce à laquelle ils sont attachés, mais celle de leur fabrication, chose plus intéressante pour nous, car elle permet de rectifier l'écart qui existe, en réalité, entre ces deux époques; cet écart est, dans certains cas, assez considérable pour pouvoir induire les archéologues en erreur. On a même pris soin, pour quelques sceaux qui avaient été brisés ou cancellés, puis refaits à neuf, de marquer au bas l'année de leur renouvellement : SIGILLUM RENOVATUM ANNO GRACIE MCCXXII. — RENOVATUM ANNO DOMINI MCCXXXV[1]. Malheureusement ces précautions n'ont été prises que par un petit nombre de graveurs. A la Renaissance, il devient un peu plus de mode de dater les matrices de métal destinées à produire les empreintes, et alors la date, tracée en chiffres arabes, passe du contre-sceau sur le sceau lui-même. Mais, à une époque aussi tardive, les indications de ce genre offrent moins d'importance.

1. Collection des Archives, n°s 7254, 8277.

CHAPITRE X

CACHETS ET TIMBRES MODERNES

Décadence et disparition graduelle des sceaux. — Les signets, les cachets. — Les seings et les griffes. — Les timbres; leur origine et leur multiplication. — Cachets et timbres révolutionnaires. — La guillotine sur un sceau. — Les emblèmes détrônés par les formules écrites.

L'usage des grands sceaux pendants commença à se perdre, comme on l'a vu, vers le milieu du XVIe siècle, et aussitôt l'art de la gravure sur métal tourna son effort d'un autre côté. La propagation universelle de l'écriture et des signatures autographes ne fut pas l'unique cause de cette révolution. La substitution graduelle du papier au parchemin et celle de la lettre missive à la charte proprement dite, dans beaucoup de cas où il était de règle d'employer cette dernière forme d'écrit, y contribuèrent davantage encore. En effet, l'habitude de sceller pouvait parfaitement coexister avec la mode de signer, et, par le fait, les actes publics furent pendant un certain temps munis de ces deux garanties d'authenticité, qui, en somme, valaient mieux qu'une. Le papier, au contraire, se refusait absolument, en raison de sa nature friable et de son peu de consistance, à soutenir le poids d'une empreinte de cire d'une largeur et d'une épaisseur souvent considérables ; de son côté, la lettre missive demandait à être, non plus seulement certifiée authentique au moyen d'un signe quelconque, mais encore fermée (elle s'appelait, de son vrai nom, la lettre *close*). La première de ces raisons devait faire abandonner le sceau pendant; la seconde devait amener l'avènement d'un sceau beaucoup plus petit appliqué sur le repli de la lettre, c'est-à-dire du *cachet*. Ce mot seul éveille l'idée d'un écrit dont on veut dérober le contenu aux yeux du public, et le premier nom donné à ce diminutif du sceau *(secretum, sigillum secreti)* répond à la même pensée.

Philippe IV, Philippe VI possédaient déjà des « sceaux secrets », de quinze à vingt millimètres de large, représentant, soit un lion, soit les armes de France. Le roi Jean en eut plusieurs du même genre et se servit spécialement, pour ses lettres closes, d'un cachet de forme ronde, portant pour tout ornement les trois initiales I. R. F. *(Johannes, rex Francorum)*, surmontées d'une couronne, avec les mots : SIGILLUM SECRETUM[1]. A partir de 1358, les cachets ou signets furent expressément réservés pour les missives. Charles V réduisit encore la dimension de ce nouvel objet, dont la mode commençait à se répandre chez les très grands seigneurs. Il prit pour cet usage une pierre ovale d'environ dix millimètres de hauteur et y fit graver sa tête vue de face, couronnée, avec la barbe et

1. Coll. des Archives, nos 56, 57, 59, 60, 62.

de longs cheveux, tels qu'il les portait. Tel est le cachet que l'on trouve apposé sur un mandement du 18 décembre 1371, ordonnant aux généraux des aides de payer au roi de Navarre une somme de dix mille francs[1]. L'inventaire du même prince en mentionne un autre qui était réservé pour les missives écrites de la main du roi. Celui-ci, taillé dans un rubis, offrait également l'effigie d'un monarque ; mais il différait du précédent par un détail important : « Le signet du Roy, qui est de la teste d'un roy, *sans barbe*, et est d'un fin ruby d'Orient, et est celuy de quoy le Roy scelle les lettres qu'il escrit de sa main[2]. » Il est donc probable que cette intaille n'était plus le portrait de Charles V. Du reste, on gravait dès lors sur les signets des figures de fantaisie ; à preuve cet autre article du même inventaire : « Un signet d'un onisse, et a taillée dedans une teste en manière d'une Pitié, assise en une verge, toute pleine[3]. » Mais, jusque sous François Ier, et même plus tard, l'écu de France demeura malgré tout le type ordinaire des cachets royaux.

A partir du xve siècle surtout, le succès de ces nouveaux venus s'affirme. Non seulement l'inventaire des joyaux du duc de Berry, dressé en 1413, nous parle de ce signet d'or, où était « le visaige de monseigneur contrefait au vif », et d'un autre, en forme d'anneau, garni « d'un amatiste estrange et de plusieurs couleurs[4] » ; mais les comptes des ducs de Bourgogne

1. Collection des Archives, n° 67. Voy. plus haut, fig. 10.
2. De Laborde, *Émaux du Louvre*, II, 500.
3. *Ibid.*, p. 409.
4. *Ibid.*, p. 129. Préface de la coll. des Archives, p. 7.

nous apprennent que ces opulents amateurs possédaient alors toute une collection de bijoux ayant la même destination. Les uns étaient des pierres gravées, montées également comme des anneaux, avec des dessins d'écussons ou de figures et de brèves inscriptions; les autres étaient faits pour être suspendus à la ceinture ou ailleurs : tel un « signet d'or longuet tenant à une chaînette, et au-dessus deux perles et un saphir », trouvé dans les effets de Charles le Téméraire[1]. Bientôt des personnages d'un rang un peu moins élevé se permettent le même luxe, toutes proportions gardées; si bien qu'au siècle suivant le métier de « graveur pour cachets » devient une profession spéciale.

A cette époque, l'on continue à en faire en pierres précieuses, en or, en argent, et à les attacher à des chaînes de perles ou à d'autres moins riches. Mais on commence en même temps à les fixer à des manches d'ivoire, suivant la mode actuelle, et quelquefois ces manches deviennent eux-mêmes un objet d'art. C'est alors aussi que les empreintes en arrivent à servir directement de fermeture aux lettres missives, qui deviennent de plus en plus fréquentes. Jusque-là, ces lettres étaient simplement pliées en quatre et closes à l'aide d'une bande étroite de papier. Cette bande passait dans une incision pratiquée à travers tous les plis, et c'est sur ses deux extrémités que l'on posait la cire. Vers 1560, on imagina de coudre les bords de la missive avec un fil de soie et d'imprimer le cachet sur les bouts de ce fil, de façon à lui rendre l'apparence d'un petit sceau

1. De Laborde, *les Ducs de Bourgogne*, t. II, nos 2090, 3137, 3151.

pendant. Quelques personnes trouvèrent plus commode d'enrouler simplement la soie autour du papier plié et de les faire adhérer l'un à l'autre au moyen de la cire. Mais les gens avisés inaugurèrent un troisième procédé, qui devait détrôner définitivement tous les précédents : ils formèrent deux plis, dont l'un, plus petit que l'autre, firent rentrer le second dans le premier, ou *vice versâ*, et scellèrent par-dessus les deux. Après l'avènement des Bourbons, le fil de soie, retenu par deux cachets de cire d'Espagne, demeura encore en usage; mais il ne put soutenir longtemps la lutte et finit par céder la place à ce dernier système, en attendant que l'invention des enveloppes à lettres fît à son tour disparaître tous les autres.

Sous Louis XIV et Louis XV, les cachets, tombés dans le domaine commun, cessèrent généralement d'offrir un intérêt artistique. Tous les nobles, et encore plus les prétendants à la noblesse, devenus très nombreux, s'en firent graver à leurs armes, à l'instar du souverain : or une pareille unification du type ne pouvait être favorable au progrès de la gravure. Elle se perfectionna peut-être dans le sens de la finesse et de la netteté. La monture fournit aussi le motif d'une ornementation plus recherchée : on vit une quantité de ces petites pierres gravées, artistement enchâssées, suivant le goût du temps, et destinées à être portées en breloques, telles que nous en possédons encore des milliers. Mais le dessin de figure, mais le vrai style sigillaire étaient bannis de ces produits monotones, et la fantaisie se réfugiait sur les cachets de quelques amateurs intelligents, assez haut placés pour pouvoir se soustraire à la tyrannie de la mode. Assurément la gravure sur pierres fines, depuis la Renaissance, enfantait des chefs-d'œuvre, et, si nous avions à nous placer au point de vue du travail des intailles en général, nous aurions une longue série à passer en revue. Mais un très petit nombre d'ouvrages sérieux servaient réellement à sceller ou à cacheter, et ceux qui en avaient la réputation avaient été faits, la plupart du temps, pour un tout autre emploi, à commencer par la fameuse cornaline du Cabinet des médailles dite « cachet de Michel-Ange », qui n'a dû ce nom qu'à la similitude de ses deux figures de vendangeuses avec un groupe de la grande fresque du Vatican.

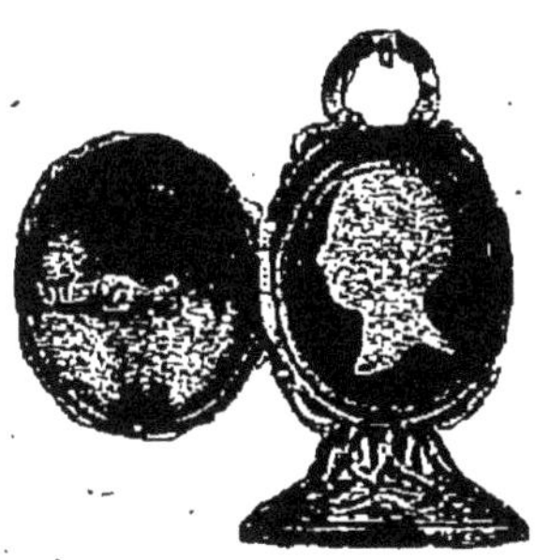

FIG. 129.
CACHET DE Mme DE POMPADOUR.
Première et deuxième faces.
(1745-1764.)

Cependant quelques pierres remarquables, taillées réellement pour s'imprimer sur la cire, sortirent des mains de Jacques Guay, graveur du roi, qui donna des leçons à Mme de Pompadour. Il faut citer, notamment, une topaze de l'Inde gravée sur ses trois faces, dont la première représente *l'Amour sacrifiant à l'Amitié,* la seconde *l'Amitié unie à l'Amour,* la troisième le *Temple de l'Amitié :* autant d'allusions aux rapports de la trop célèbre marquise avec Louis XV, et une cornaline connue sous le nom de « cachet de Mme de Pompadour », où l'on voit Cupidon tenant un lis et une rose, avec cette devise : L'AMOUR LES ASSEMBLE, allégorie encore plus transparente[1]. Ces deux jolis morceaux, dont le premier est daté de 1753, sont signés de l'auteur; c'est encore le Cabinet des médailles qui en est dépositaire. Il serait difficile de trouver de

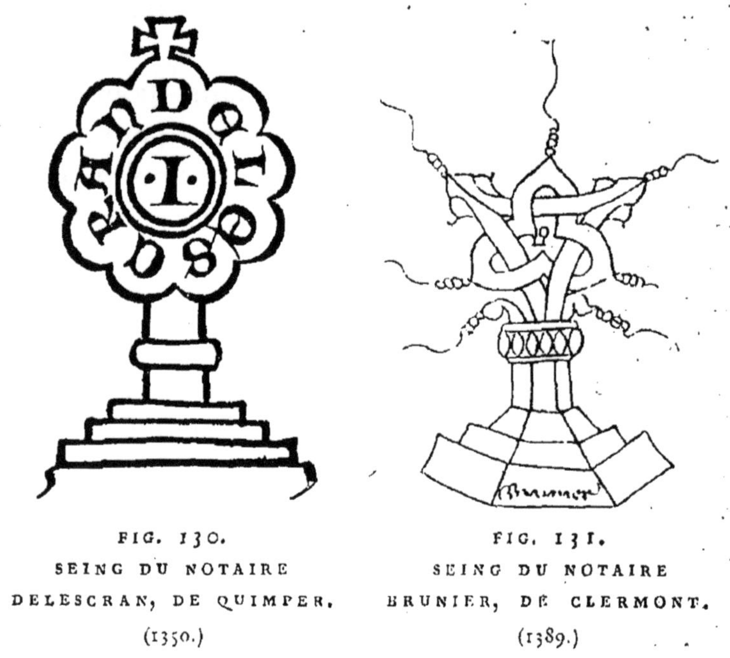

FIG. 130. SEING DU NOTAIRE DELESCRAN, DE QUIMPER. (1350.)

FIG. 131. SEING DU NOTAIRE BRUNIER, DE CLERMONT. (1389.)

meilleurs spécimens du genre parmi les œuvres quintessenciées de la glyptique du XVIIIe siècle.

Indépendamment des transformations radicales que j'ai signalées plus haut, et qui contribuèrent tant à la décadence de l'art sigillaire, il se produisit successivement deux innovations appelées à lui donner le coup de grâce : on vit paraître sur les actes officiels, d'abord

1. Voy. Chabouillet, *Catal. des camées et pierres gravées de la Bibliothèque*, nos 2504 et 363.

des *cachets-griffes,* puis des *timbres,* signes d'authenticité d'une espèce encore inconnue, qui achevèrent de rendre les autres inutiles. Depuis longtemps déjà, les *signa,* ou les seings des notaires publics, affectaient des formes bizarres, enchevêtrées, défiant toute contrefaçon et pouvant passer pour de véritables dessins. Celui-ci rappelait vaguement un cadran monté sur un pied et surmonté d'une croix; celui-là, plus fantaisiste, se composait d'enroulements sortant d'une colonne creuse élevée sur des marches[1]. Ces diverses marques d'identité, depuis le simple paraphe jusqu'au caprice le plus échevelé, tendaient à s'immobiliser, à se stéréotyper; elles commencèrent, au XVIe siècle, à s'imprimer avec des moules spéciaux, qui s'appelaient encore des cachets. Louis de Rohan, prince de Guéméné, dans l'acte de foi et hommage rendu par lui au duc d'Anjou, en 1581, se sert de la formule suivante : « En tesmoing de quoy je vous présente et baille ce présent aveu *signé de mon cachet* et du *seing* de ma très chère épouse[2]. » En effet, tandis que Léonor de Rohan a tracé son nom de sa main, ce qui constitue le seing proprement dit, son mari a simplement apposé le sien à l'aide d'une griffe, qui est à la fois, comme il le dit, un cachet et une signature; fusion assez étrange des deux modes de validation qui se faisaient alors concurrence. L'usage de ces griffes devait s'étendre progressivement dans les deux derniers siècles.

1. Voy. l'*Inventaire du musée des Archives nationales,* nos 365, 411, etc.
2. Arch. nationales, P 315, no 4.

Quant aux timbres, ils furent imaginés un peu plus tard; mais ils remontent, selon toute apparence, à une coutume assez ancienne. Dès le temps des Valois, on avait commencé, nous l'avons vu, à recouvrir d'un rond ou d'un carré de papier le gâteau de cire destiné à recevoir l'impression du sceau, de sorte que celui-ci, en réalité, ne s'appliquait plus sur la substance molle préparée pour reproduire le travail du burin, mais sur

FIG. 132.

GRIFFE DE LOUIS DE ROHAN, PRINCE DE GUÉMÉNÉ.

(1581.)

une matière intermédiaire, absolument impropre par sa nature à remplir ce but essentiel. Il en résultait des empreintes très défectueuses, très effacées; mais néanmoins ce procédé déplorable se généralisa de plus en plus, parce qu'on se figurait qu'il leur procurait une protection efficace contre les chocs extérieurs, et peu à peu l'on en vint à imprimer la matrice sur la feuille de papier même où se trouvait écrit l'acte, en collant la cire par-dessous. L'idée du timbre sec, puis du timbre humide, devait dès lors s'offrir à l'esprit. Il n'y avait plus, pour les réaliser, qu'à supprimer la couche de matière molle étendue sous le papier, et qui ne servait presque plus à rien : c'est ce qu'on fut amené à faire au XVIIIe siècle pour certaines catégories d'actes, et c'est là l'origine de notre papier timbré.

La Révolution fut la première à généraliser l'emploi du nouveau système. L'Assemblée nationale, l'Assemblée législative adoptèrent un moyen terme, consistant à placer sous le papier un gros pain à cacheter, qui l'aidait, étant mouillé, à rendre l'image gravée sur la matrice. La déesse de la Liberté qui servit de type à la Convention fut elle-même reproduite de cette façon sur une partie des procès-verbaux de l'assemblée. Mais déjà le timbre pur et simple s'employait de différents côtés. L'accusateur public, le terrible Fouquier-Tinville, s'en était fait fabriquer un pour les besoins de son service. C'était un timbre humide, où la République (la Liberté, si l'on veut) est figurée debout, la main droite appuyée sur les tables de la Loi, la gauche tenant une pique surmontée du bonnet phrygien. A côté d'elle, un coq; au-dessous : La loi du 10 mars 1793. (C'est la loi qui avait institué le tribunal dont Fouquier était le pourvoyeur.) Comme légende : Tribunal révolutionnaire, et, sur une seconde ligne, en caractères moins forts : Accusateur public[1]. Tel est le sinistre emblème qui a recouvert et validé tant d'arrêts de mort.

FIG. 133. TIMBRE DE L'ACCUSATEUR PUBLIC DU TRIBUNAL RÉVOLUTIONNAIRE, (FOUQUIER-TINVILLE). (1793.)

1. Matrice originale au Cabinet des médailles.

Toutes les pièces émanées du Conseil des Anciens, du Conseil des Cinq-cents, du Tribunat, plus tard du Corps législatif et du Sénat, sont marquées uniquement de timbres au nom de ces divers corps, dont le type ordinaire est une femme sous la république, et un aigle sous l'empire; c'est la seule différence qui les sépare. Néanmoins, les cachets subsistent toujours dans les habitudes révolutionnaires; on les emploie même à tout propos, on les prodigue, on les multiplie. Cela devient une manie véritable, dont les démonstrations attestent du moins la fécondité du génie populaire, et, pour comble, on voit encore s'y ajouter les vignettes et tous ces *en-tête* imprimés ou gravés dont les curieux cherchent aujourd'hui à former une collection complète, sans pouvoir y arriver toutefois, car il y en avait presque autant que de clubs, d'autorités et de sous-autorités. A ce moment, « il n'existe, pour ainsi dire, pas de comités, d'administrations locales, de fonctionnaires, de sociétés populaires, soit de Paris, soit des départements, qui n'aient leur cachet particulier ou qui ne se servent d'un papier orné d'une vignette spéciale. Les types de ces empreintes varient à l'infini; tantôt un sujet allégorique : la déesse de la Liberté, des chaînes brisées, l'œil de la vigilance, le triangle égalitaire, le coq, deux mains enlacées, le soleil levant; tantôt des dates rappelant les principales époques de la Révolution, ou bien encore des devises : *Vivre libre ou mourir; Vaincre ou mourir; Mort aux tyrans; Liberté, égalité ou la mort*[1]. »

1. *Invent. du musée des Archives*, p. 644.

Ce dernier cri de guerre se lit sur l'autel de la Loi qui forme le sujet principal de l'un des cachets du club des Jacobins. Le premier (*Vivre ou mourir*) est inscrit sur l'autre, au milieu d'une couronne de chêne[1]. Mais une société populaire de la section des *Sans-Culottes* lui substitue, avec intention sans doute, cette plaisante variante : *Vivre libre et non mourir*. Certains fanatiques de la Révolution vont jusqu'à lui faire hommage, en effigie, de leur vie et de leur sang; Championnet, entre autres, affirme l'ardeur de ses opinions par une image quelque peu forcée: un cœur soutenu par un bras, avec cette légende enthousiaste : *L'un et l'autre à la République*[2]. Ce qui ne devait pas l'empêcher d'être, bientôt après, arrêté et jeté en prison par le Directoire.

Enfin, la hideuse guillotine fait à son tour son apparition sur ces rejetons dégénérés de l'antique sceau; cela devait arriver. Elle se dresse audacieusement, avec ses deux montants gigantesques et son couteau triangulaire, accompagnés de la fatale bascule et du panier sanglant, sur un cachet employé en 1793 par l'administration des Subsistances militaires de Strasbourg. Au-dessous de la plate-forme de l'échafaud, on lit ces simples mots : GUERRE AUX FRIPONS[3]. Il est vrai que cet emblème terroriste fut saisi au bout de peu de temps; même aux yeux des puissants du jour, il semblait trop éloquent.

La guillotine! Quel épilogue! Et quel chemin nous

1. Coll. des Archives, nos 6022, 6023.
2. *Invent. du musée des Archives, ibid.*
3. Coll. des Archives, no 6024.

avons fait depuis Childéric le chevelu! Mais ce chemin, c'est celui de l'histoire. Nos petits monuments de cire ne sont que le résumé du drame grandiose qui s'est joué sur la scène du monde durant ces quatorze siècles : toutes les péripéties du passé se reflètent dans ce miroir fidèle; les jours de deuil y revivent comme les jours de gloire. Certes, l'échafaud n'est pas le dernier mot de nos annales nationales; mais il est le dernier type sigillographique que nous ait légué la vieille France, il clôt tristement son existence agitée, et c'est la conclusion morale qui se dégage de toutes nos luttes, de toutes nos discordes intestines. Rude et salutaire leçon, si nous savions la comprendre.

FIG. 134. CACHET DE L'ADMINISTRATION DES SUBSISTANCES MILITAIRES.
La guillotine (1793).

Et ce n'est pas seulement l'image du pouvoir royal qui a fait place aux plus énergiques expressions de l'anarchie et de la force brutale; c'est le principe même de l'image, de la représentation figurée qui a subi une éclipse. La pensée humaine s'était longtemps incarnée dans des figures, dans des symboles. L'écriture elle-même avait peint des objets, des idées, avant de reproduire des sons et des syllabes. Mais l'ère des mystères et des allégories, qui avait enfanté l'idée du sceau, ne se prolonge pas au delà des limites des civilisations primitives. Lorsqu'une race, lorsqu'un peuple est parvenu à un certain degré de trituration et de maturité intellectuelles, il cherche un mode de s'exprimer plus précis et plus défini, il préfère instinctivement l'abstraction à l'image, les mots au dessin. Voilà, au fond, pourquoi les sceaux se sont transformés, à l'époque moderne, en griffes et en timbres, où l'élément figuré n'est plus rien ou presque rien, et pourquoi ceux-ci ont été remplacés à leur tour, sur les papiers d'affaires, par d'insipides en-tête, où les caractères imprimés sont tout. Cette révolution progressive s'est fait sentir en beaucoup d'autres choses; on n'a qu'à lever les yeux sur les enseignes de nos boutiques, qui, de tableaux parlants, sont devenus de simples exemples d'écriture. Nous en sommes à la phase positiviste, à laquelle arrivent, à un âge donné, les nations comme les individus : nous ne voulons plus de signes qui nous obligent à chercher, à faire un effort d'intelligence, et nous ne comprenons plus guère les œuvres d'art sous lesquelles nous ne lisons pas un nom, un titre. Il nous faut, en un mot, un langage d'une clarté, d'une précision mathématiques. La netteté des idées y gagne peut-être quelque chose; mais, à coup sûr, le sentiment artistique et la poésie de la vie ne sauraient qu'y perdre.

CHAPITRE XI

LES COLLECTIONS DE SCEAUX

Premiers essais de collections. — Les reproductions par le dessin; leur insuffisance. — Expositions d'empreintes originales; leurs graves inconvénients. — Le moulage, seul système avantageux. — Premières opérations entreprises sur les sceaux des Archives nationales; origines de leur grande collection. — Le Musée sigillographique. — Manière de mouler un sceau. — Collections diverses. — Gravure et photographie.

Les précieux monuments du passé que je viens de passer en revue n'ont évidemment toute leur valeur qu'à l'état de collection. Isolés, ce sont des énigmes ou des curiosités. Réunis, ils constituent pour l'historien, pour l'archéologue, pour l'artiste, une source inépuisable d'observations, de rapprochements et d'inspirations. Aussi la *sigillographie*, ou la science qui traite des sceaux (quelques-uns l'appellent la *sphragistique*, du mot grec σφραγίς, chaton de bague, dénomination qui s'explique par l'origine de ces objets symboliques, mais qui est moins exacte au fond), n'a réellement commencé que le jour où l'on s'est occupé de les rassembler.

Ce jour n'est pas encore bien loin. Les fondateurs de l'école bénédictine, qui jeta au XVIIe siècle les bases de la véritable critique historique, n'accordèrent eux-mêmes qu'une attention distraite et superficielle aux empreintes de cire apposées sur le parchemin ou pendues au bas des chartes. Ils ne les considérèrent, du moins, qu'au point de vue de l'authenticité qu'ils donnaient à celles-ci, et leur étude demeura toujours à leurs yeux une branche accessoire de la diplomatique ou de la science des diplômes. D'ailleurs, l'art du moyen âge était trop en défaveur de leur temps pour qu'ils pussent soupçonner dans ces petits sujets gravés des ouvrages dignes d'admiration. Tout au plus les reconnurent-ils comme une source importante pour l'iconographie des rois. Du Cange lui-même, leur illustre contemporain, semble n'y avoir vu que des auxiliaires tout à fait secondaires des travaux d'érudition. Le premier qui songea à les recueillir fut l'amateur zélé auquel notre Bibliothèque nationale est redevable d'une de ses plus précieuses collections de manuscrits; je veux parler de Gaignières. Encore se borna-t-il à faire dessiner au trait, par une main inexpérimentée, les sceaux qu'il rencontrait au bas des actes, et à les ranger, avec des copies de monuments d'une autre espèce, par catégories de personnes ou par familles. Ce n'était pas encore l'intérêt artistique ou archéologique qui le guidait; c'était plutôt l'intérêt héraldique ou généalogique.

Vers la fin du siècle dernier, un ancien élève du

corps du génie, Desmarets, frappé de la valeur de ces petits chefs-d'œuvre délaissés, se mit à les rechercher et à les aimer pour eux-mêmes. Au prix d'un labeur obstiné, il en reproduisit par le crayon ou par la plume trois ou quatre mille, qu'il offrit ensuite de vendre au roi pour les faire graver. « J'ai employé, écrivait-il, les quatorze plus belles années de ma vie à recueillir une collection innombrable de sceaux, dont l'histoire et la noblesse de France doivent conserver l'image, lorsque le temps aura achevé de les détruire[1]. » Malgré une opposition assez vive, son offre finit par être acceptée, en 1786. On lui donna cinq cents livres de rente viagère, la place de dessinateur du Cabinet d'histoire et du droit public, avec toutes les facilités nécessaires pour continuer ses travaux. Et pourtant, comme le dit justement le marquis de Laborde, les reproductions de Desmarets sont pitoyables. « Il n'avait ni l'instinct naturel ni l'habitude acquise du dessin; il s'était exercé, soit dans l'atelier d'un graveur, soit en copiant des estampes, à une pratique timide de dessin au pointillé, qui, avec des peines infinies et un labeur de galérien, lui permettait de donner un certain relief à des figures dont le corps ne tient pas sur les jambes, dont la tête grimace avec des yeux louches ou hagards. Dessin faux, caractère nul, ensemble baroque, telles sont les qualités de ces images enfantines[2]. »

Elles ne furent point gravées, heureusement, et les tentatives isolées qui succédèrent à celle-ci, le projet de

1. De Laborde, préface de la *Coll. de sceaux* des Archives, p. 13.
2. *Ibid.*, p. 14.

publication soumis en 1821 à l'Académie des inscriptions et belles-lettres par l'abbé de Bétencourt, le célèbre auteur des *Noms féodaux*, ne paraissent pas avoir eu plus de suites. A dire vrai, ce n'était point par de tels procédés qu'on pouvait songer à constituer une collection suffisamment importante et véritablement publique. Le dessin, la gravure étaient des modes de reproduction nécessairement infidèles, ne pouvant d'aucune façon donner une idée exacte des originaux, de leur délicatesse, de leur relief. L'image d'un sceau, fût-elle parfaite, ne sera jamais un sceau, et le plus bel album ne sera jamais un musée. Les savants, les amateurs ne tardèrent pas à le sentir, et quelques-uns furent entraînés par là dans des errements plus regrettables encore. Les archivistes qui se contentèrent de disposer méthodiquement et d'exposer dans des vitrines un certain nombre de chartes originales munies de leur signe de validation ne firent pas une œuvre mauvaise; ils firent seulement une œuvre trop restreinte, condamnée par la dimension des parchemins à ne prendre aucun développement, et ne satisfirent que la curiosité de quelques rares visiteurs. Mais croirait-on que des profanes allèrent, dans certains dépôts publics, jusqu'à couper les attaches des sceaux, pour les ranger séparément dans de soi-disant médailliers, tandis que les pauvres chartes s'en retournaient veuves dans leurs cartons poudreux? Double meurtre, car l'acte ne signifiait plus rien sans ce petit morceau de cire qu'avaient respecté les siècles; et celui-ci, à son tour, se trouvait sans force et sans vie, comme le papillon piqué dans une boîte d'insectes par la main d'un enfant barbare.

Cette mutilation inintelligente avait été déjà pratiquée avant la Révolution. « Une personne qui rangeoit les titres de certaines archives bien connues, lit-on dans le *Journal historique* de 1752, ôta tous les sceaux des anciens, qui empêchoient qu'on ne pût placer, à leur aise, ces titres dans les paquets, liasses ou boîtes selon l'ordre qui leur convenoit. Les plus anciens sceaux étoient ceux qui lui déplaisoient le plus, soit parce que leur relief faisoit davantage gonfler les liasses, soit parce qu'ils étoient le plus défigurés par la vétusté; en sorte qu'il fit un sacrifice général du tout, comme de choses inutiles. » Ici, le coupable n'avait même plus l'excuse d'une exposition sigillographique; c'était du pur vandalisme, rappelant tout à fait le procédé de cet amateur ignorant, qui, plutôt que de faire relever les rayons de sa bibliothèque à la hauteur de ses livres, faisait rogner les livres à la mesure des rayons. Mais dans notre siècle, hâtons-nous de le dire, de pareils abus ne se sont guère commis qu'à l'étranger. En plusieurs pays voisins, les Français ont pu voir des collections de sceaux formées de cette façon brutale par de prétendus *conservateurs;* on en voit même encore à Venise, au musée Correr.

Le véritable et l'unique moyen de créer des collections de ce genre, c'est de ne les composer ni de dessins ni d'originaux, mais de fac-similés parfaits, permettant à la fois de placer sous les yeux du public les formes et les dimensions exactes, la couleur, le relief, en un mot tout ce qui fait le style, et de laisser les empreintes à leur place naturelle, appendues aux chartes, à l'abri de tout contact et de toute cause extérieure de détérioration. Et pour se procurer ces fac-similés, il n'y a qu'un seul procédé : c'est le moulage.

Le moulage était employé dans l'antiquité et au moyen âge pour la reproduction des statues, des vases, des camées, et même de la nature humaine. Chez les Romains, des images en cire étaient moulées sur le corps des défunts et gardés pieusement par leurs descendants, dans l'*atrium* de leur habitation privée. Nos aïeux restituaient de la même manière le visage et les mains des personnages décédés dont ils exposaient la représentation dans la cérémonie des obsèques. Le plâtre, la terre glaise, le soufre servirent aussi, depuis la Renaissance, au moulage des antiques, notamment des médailles grecques et romaines. Et pourtant, sans doute en raison de l'indifférence dont j'ai parlé, cet excellent système ne fut pas appliqué avant notre époque aux productions de la gravure sigillaire. Les Bénédictins entrevirent bien quels services il pouvait rendre pour la reproduction de ces monuments; mais leurs utiles avis ne reçurent eux-mêmes aucune application et n'amenèrent aucun commencement de collection moulée. Ce n'est qu'en 1832 qu'on essaya d'en former une. Les archéologues s'occupaient alors beaucoup des monnaies, et la science de la numismatique, sortant à peine de ses langes, était déjà en faveur. Le conservateur du musée de la Monnaie royale, M. de Sussy, eut l'idée assez bizarre de compléter sa série monétaire à l'aide de moulages de sceaux, bien que ces deux genres de monuments n'eussent entre eux que des rapports de forme. Daunou, garde général des Archives, lui accorda l'autorisation de faire reproduire les cires de quelques diplômes royaux; mais il eut bientôt à s'en repentir. L'opération, faite sans soin, et par un praticien qui se préoccupait peu de la valeur de ces documents uniques, amena de véritables dégâts. Certains sceaux furent mis en pièces; les parties saillantes de certains autres demeurèrent dans les moules. On alla jusqu'à se servir du couteau pour plier les récalcitrants aux exigences de ce nouveau genre de torture. L'essai était vraiment malheureux : c'était à décourager les partisans du système. Et, pour comble d'inconséquence, les graveurs de la Monnaie, ne se contentant pas de détruire ce qu'ils voulaient précisément conserver et perpétuer, firent, à l'aide des matrices ainsi obtenues, des empreintes en bronze; comme si jamais les sceaux de nos rois avaient été coulés dans ce métal!

Cependant, dès l'année suivante, un artiste plus exercé, et surtout plus consciencieux, M. Depaulis, entreprit d'enrichir par le même artifice la galerie de plâtres de l'École des beaux-arts. Celui-là était plutôt guidé par le sentiment du beau : il respecta les originaux et en moula délicatement près d'un millier. Presque en même temps, M. Doubleday, marchand de médailles anglais, après avoir commencé dans son pays une opération analogue, venait la terminer à Paris et remportait une série de deux mille moulages, dont il laissait un double à l'établissement des Archives, en reconnaissance des facilités qu'il y avait trouvées. M. Depaulis et le délégué de M. de Sussy en avaient déjà donné cinquante-six. Ainsi se forma modestement, par le secours du dehors, le premier embryon de la plus riche collection de l'univers.

Daunou, esprit peu élevé, qui en était resté aux idées de l'autre siècle et aux préjugés historiques de la Révolution, ne comprit pas l'immense intérêt de cette œuvre naissante, ou, du moins, il s'en occupa peu. Son successeur, Letronne, qui avait beaucoup plus d'initiative et qui était un archéologue éminent, s'efforça de la développer. Un ancien auxiliaire de M. Doubleday, formé à son école, fut attaché aux Archives en qualité de mouleur; c'était M. Lallemand, dont les vieux archivistes d'aujourd'hui n'ont pas oublié l'originale figure. Sous l'intelligente direction de M. Natalis de Wailly, dont l'Institut, dont l'érudition tout entière déplore la perte récente, et qui était alors chef de la Section administrative, ce nouveau venu, sans être un savant, acquit par un commerce journalier avec les originaux une connaissance profonde de son métier. Il déploya tant de zèle dans l'accomplissement de sa tâche, tant de passion respectueuse pour les vénérables reliques du passé confiées à ses soins, qu'au bout de six années, en 1848, la collection comptait plus de huit mille empreintes moulées, dont on montrait une partie aux curieux. Le mouvement était donné : M. de Chabrier, qui remplaça Letronne en 1849, n'eut plus qu'à le suivre. C'est sous son administration que les sceaux furent rattachés à la Section historique, où ils ont leur place naturelle, et remis à la garde jalouse de M. Douët d'Arcq, dont on connaît les belles études sur la matière. En même temps les opérations du moulage se transformaient en service permanent, installé dans un atelier spécial, et l'on en chargeait un sculpteur de profession, artiste dans l'âme, savant à ses heures et à sa manière, M. Germain Demay.

On peut dire que, dès ce moment, la sigillographie était fondée. En effet, les amateurs, les collectionneurs commencèrent à prendre le chemin des Archives, à demander des fac-similés de sceaux, à les comparer et à les étudier. N'en étant plus réduits à des types isolés, ils entrevirent la possibilité d'arriver à des résultats sérieux. Il se forma une société spéciale, ayant pour but de recueillir les égarés, de les reproduire, d'en délivrer des moulages moyennant rétribution. L'émulation s'en mêla, et la collection de l'État ne fit qu'en profiter.

Pourtant le véritable bienfaiteur des sigillographes, celui qui donna le plus grand élan à leurs travaux et le plus grand développement à la base de leurs études, est l'homme de goût, l'archéologue universel, dont la direction féconde a élevé si haut la réputation et le niveau scientifique des Archives nationales : j'ai nommé le marquis de Laborde. Apportant jusque dans la gestion de sa charge ses façons de grand seigneur, ses idées larges, sa couleur d'esprit si originale, le nouvel administrateur comprit que, pour encourager la science, il fallait initier le vrai public à la connaissance des richesses historiques dont il avait la garde et ouvrir à deux battants les portes, trop longtemps fermées, du trésor national. Il s'y prit de deux façons. En premier lieu, une série d'inventaires imprimés, plus ou moins bien conçus, mais concourant tous au même but et contenant les détails les plus intéressants sur les principaux fonds de nos archives, fut publiée presque simultanément; dans le nombre figure cet immense répertoire analytique et descriptif de la collection de sceaux, dû aux longues et patientes études de Douët d'Arcq, ouvrage qui, bien que datant d'un quart de siècle, offre encore dans sa volumineuse introduction, dans son exposé, des éléments du blason, dans ses tables de toute espèce, les ressources les plus précieuses aux érudits et aux chercheurs[1]. Puis un musée, — composé des monuments historiques les plus curieux et les plus instructifs, triés sur le volet, rangés méthodiquement dans des vitrines soigneusement closes, et remplacés dans les cartons par une fiche de renvoi, pour parer aux inconvénients du déplacement, — fut ouvert à tous les visiteurs sans exception ; et, dans cette innovation intelligente, d'une tendance éminemment démocratique, bien que sortie du cerveau d'un gentilhomme, les sceaux ne furent pas oubliés non plus. Tout un compartiment du musée fut réservé à l'exposition sigillographique. Mais laissons l'inventeur et l'organisateur nous expliquer lui-même sa pensée à cet égard.

« Ce musée sera l'exposition méthodique et synoptique des chartes, des diplômes, de tous les actes, en un mot, dans toutes les variations de leurs formes, depuis le VIe siècle jusqu'à nos jours, l'ouvrage des Bénédictins en nature, et un musée moins sombre et moins stérile qu'on ne se l'imagine, puisqu'il emprunte à tous les les arts et déroule les grandes pages de l'histoire écrites de la main de ceux-là mêmes qui l'ont faite. Je n'ai pas à m'occuper ici du Musée paléographique autrement que pour dire qu'il remplira, dans le palais des Archives, les appartements du premier étage, resplendissants encore du luxe de bon goût des princes de

1. Paris, Plon, 3 vol. in-4°, 1863.

FIG. 135.

UNE DES VITRINES DU MUSÉE SIGILLOGRAPHIQUE, AUX ARCHIVES NATIONALES.

Rohan-Soubise. Après avoir vu les documents, le public descendra au rez-de-chaussée, où il trouvera les empreintes de sceaux dans des appartements aussi vastes, mais décorés dans un style plus sévère. Des vitrines, bien disposées pour l'étude, montreront d'abord une suite de documents scellés dans toutes les formes en usage, puis une collection de matrices de sceaux, enfin un choix de dix mille empreintes prises parmi les monuments les plus curieux de la sigillographie. Des tiroirs, disposés comme des médailliers, devaient contenir, en correspondance avec les empreintes de sceaux exposées, toute la suite de la collection[1]. »

Malheureusement, ce beau plan n'a pas reçu son entière exécution. Si le Musée paléographique a été terminé et contribue, depuis un certain nombre d'années, à apprendre l'histoire à des gens qui en ont le plus grand besoin, son complément sigillographique est demeuré en arrière et, pour différentes raisons, dont la principale a été la disparition du fondateur, n'a pu être livré à la curiosité de la foule. Mais plusieurs vitrines sont là toutes prêtes; la série des sceaux royaux est complète et visible; quant aux tiroirs renfermant la série entière des empreintes surmoulées, ils sont aujourd'hui installés dans une pièce voisine de l'atelier de moulage. Non content d'y faire entrer tous les sceaux des Archives nationales offrant un intérêt quelconque, M. Demay, chargé de rechercher et de reproduire ceux qui se trouvent enfouis dans les dépôts d'archives départementales, a rapporté de là des milliers de types nouveaux et les a joints aux premiers. Les anciennes provinces

1. De Laborde, préface de la *Coll. de sceaux* des Archives, p. 33.

FIG. 136. — ATELIER DE MOULAGE DES ARCHIVES NATIONALES. M. CARTAUX, MOULEUR.

de Flandre, d'Artois, de Picardie, de Normandie, les mieux pourvues en monuments originaux, lui ont fourni un contingent des plus précieux. Le reste de la France, les pays étrangers eux-mêmes, seront appelés un jour à former le complément de cette collection unique au monde, qui contient dès aujourd'hui plus de cinquante mille surmoulages. En attendant, l'atelier des Archives s'efforce de satisfaire aux demandes d'un public de plus en plus nombreux, alléché par l'appât des richesses étalées sous ses yeux; les procédés se perfectionnent; les fac-similés deviennent de petits chefs-d'œuvre de fidélité et de patience. Le mouleur actuel, M. Cartaux, vient même de retrouver, après de longues recherches, la composition des anciennes cires et celle des couleurs dont le mélange leur communiquait une teinte et un vernis inimitables; de telle sorte qu'aujourd'hui ce n'est plus le soufre, quelque avantageux qu'il soit, mais la substance même employée pour les sceaux du moyen âge, qui sert de base à leurs reproductions; ce ne sont plus des pastiches, ce sont des restitutions véritables. Dans ce cabinet mystérieux et retiré, que les fourneaux, les réchauds, les matières en fusion font ressembler au laboratoire de quelque vieil alchimiste, il s'accomplit des tours de force tout aussi surprenants que la découverte de la pierre philosophale : ce ne sont pas des pracelles d'or qui sortent du creuset; mais ce sont les trésors de l'art d'autrefois qui en jaillissent entiers et rajeunis.

Veut-on assister de plus près aux opérations dont il est le théâtre? Écoutons le créateur du Musée sigillographique :

« Il y a deux opérations distinctes dans le moulage des sceaux : 1° le moule, qui se fait sur le sceau, l'attaque directement et peut le compromettre, qui, par conséquent, exige des précautions infinies et ne doit être confié qu'à un archiviste, artiste et mouleur à la fois ; 2° l'empreinte, qui s'obtient dans le moule et ne peut endommager que le moule ; c'est le travail de tout ouvrier soigneux.

« Le moulage d'un sceau n'est jamais, à vrai dire, qu'un estampage. La matrice d'un sceau étant gravée de manière à donner des épreuves en relief, ce relief, qui est le sceau, est nécessairement de dépouille ; seulement la cire, en s'affaissant sous la pression des parchemins entassés dans les cartons ou trop serrés dans les liasses, forme parfois des dessous ou des noirs, et le mouleur doit avoir soin de les remplir en mastic avant de faire son opération.

« Ce moule peut s'obtenir de toute matière molle qui, par la pression ou le coulage, reçoit en creux les formes du relief et, par le refroidissement, prend assez de consistance pour les conserver. On emploie, dans le procédé par pression, la terre glaise humide, la mie de pain pétrie, le mastic de vitrier frais, la gutta-percha amollie ; dans le procédé de coulage, le plâtre et la gélatine. Toute opération par pression, quelque douce qu'elle soit, doit être prohibée : c'est la ruine du sceau ; le coulage seul est sans danger dans des mains habiles. Le moulage à la gélatine sera réservé pour les cas de grande maladie. Tel sceau ne peut même supporter le plâtre : il faut lui appliquer la gélatine ; mais c'est l'exception. Le plâtre de Paris coulé sur le sceau, après un nettoyage attentif fait au blaireau, est l'unique procédé à recommander. Il ménage le sceau; il donne des moules qui, au moyen de l'huile grasse, deviennent impérissables et produisent indéfiniment de bonnes épreuves.

« Les empreintes se tirent dans les moules en plusieurs matières; on en fait en plâtre, en soufre, en gutta-percha, en galvanoplastie. Le plâtre devient friable; la gutta-percha, subissant les influences de la température, gode au froid et fond par un temps chaud; la galvanoplastie est coûteuse, et le métal rend mal la sculpture du sceau, dont il n'exprime ni la molle souplesse ni la coloration harmonieuse; il n'y a de bon que les empreintes en soufre, teintées de la nuance de l'original et doublées en plâtre[1]. »

Comme on vient de le voir, ce dernier procédé est lui-même dépassé à l'heure qu'il est, et le progrès semble avoir atteint son extrême limite.

Dans quelques rares dépôts de province, à Troyes, à Caen, et dans une ou deux autres villes, on a essayé, à différentes époques, d'organiser une exposition sigillographique répondant à la même pensée que le Musée des Archives nationales. Ce ne sont certes pas les éléments qui manquaient, car on évalue à près de quatre cent mille les sceaux disséminés dans les archives départementales, municipales, communales, ecclésiastiques, hospitalières, notariales et particulières de notre pays ; et ce chiffre est peut-être au-dessous de la vérité. Mais le zèle et les moyens d'exécution n'étaient pas à la

1. De Laborde, préface de la *Collection de sceaux* des Archives, p. 25.

hauteur de la tâche ; puis, en présence de la grande collection générale entreprise à Paris, l'intérêt des collections locales se trouvait bien amoindri. A l'étranger, où le nombre des empreintes conservées s'élève au moins au double, quelques tentatives plus importantes se sont fait jour. En Allemagne, le procédé Röckl, consistant à mouler d'abord les sceaux en plâtre, puis à surmouler ce plâtre à l'aide d'un alliage d'étain et de bismuth, teinté ensuite en bronze, a obtenu naguère quelque succès. Une idée analogue avait déjà été appliquée chez nous : la Société de sphragistique, ou du moins M. Forgeais, un de ses membres les plus actifs, avait imaginé de reproduire en cuivre les cires du moyen âge. Mais pourquoi donner à ces fragiles monuments l'aspect du métal, et pourquoi transformer des sceaux en médaillons ? Si la solidité pouvait y gagner, l'exactitude, qualité encore plus essentielle dans l'espèce, devait en souffrir de plus d'une façon : il est impossible que le bronze ou le cuivre se prêtent à l'imitation parfaite d'une substance molle et ductile, imprégnée intérieurement de matières colorantes, rouges, vertes ou blanches, et mêlée à d'autres ingrédients. Le coulage du métal offre aussi de graves difficultés, et le bronzage après coup n'est guère capable de donner de bons résultats. Tous ces inconvénients ont fait préférer, dans la plupart des pays où l'on a voulu former des collections, le moulage en soufre naturel ou en soufre teint, tel qu'il se pratique à Paris. A Bruxelles, par exemple, on vient d'appliquer ce procédé à un assez grand nombre d'empreintes conservées dans les Archives royales, et, si l'expérience fait encore quelque peu défaut à nos voisins, ils ont, en revanche, toutes les qualités de patience et de goût nécessaires pour réussir.

On a essayé plus d'une fois de suppléer par la gravure ou la lithographie aux fac-similés en relief et de former, pour les amateurs qui n'avaient aucune collection à leur portée, des albums sigillographiques pouvant au moins leur rappeler les types principaux. Mabillon en France, Heineccius en Allemagne, ont publié, dans leurs ouvrages spéciaux, des séries de planches qui peuvent passer pour les premiers pas faits dans cette voie épineuse[1]. Ces planches sont d'une exécution fort maladroite, et l'on peut en dire autant de tous les recueils similaires gravés avant notre siècle, dont plusieurs ne contiennent que des dessins au trait d'une insuffisance notoire. De notre temps, le burin est devenu plus habile et plus souple, et cependant l'on n'est arrivé à rien de bon avant l'emploi du procédé Collas. En 1836, l'inventeur de ce nouveau système, appliquant à la gravure des sceaux le tour à portrait déjà connu depuis longtemps, entreprit la publication d'un *Trésor de numismatique et de glyptique*, dont les figures excitèrent la surprise par leur finesse et leur exactitude relative. Le public n'était pas encore habitué à tant de fidélité; il fut enthousiasmé. Mais la machine Collas avait un grand défaut : il fallait, pour que sa pointe pût glisser sur certaines aspérités de la cire, adoucir celles-ci par une addition de matière qui modifiait nécessairement la forme et l'apparence des objets. Les archéologues ne tardèrent pas à reconnaître la gra-

1. *De re diplomaticâ*, in-f°, 1680; *De veteribus Germanorum aliorumque nationum sigillis*, in-f°, 1709-1719.

vité de cet inconvénient, et l'engouement se refroidit.

Fort heureusement, la photographie vint presque aussitôt après à la rescousse, et dès lors la reproduction figurée des sceaux fit des progrès énormes. L'administration des Archives fut une des premières à leur appliquer cette admirable invention. A la vérité, le double album projeté par M. de Laborde, et qui devait se composer à la fois d'une série de photographies inaltérables au charbon et d'un certain nombre d'autres transportées sur pierre ou sur métal, n'a pas été entièrement exécuté; mais les essais isolés que l'on a tentés ont produit des images d'une netteté et d'un relief étonnants, et les planches jointes aux riches catalogues sigillographiques publiés par M. Demay ont presque atteint la perfection du genre. La photogravure, parvenue aujourd'hui à une si merveilleuse puissance, a fait des sceaux un de ses domaines privilégiés, un de ceux où elle remporte ses plus beaux triomphes. On en a la preuve, indépendamment des inventaires officiels des Archives, dans les planches du savant ouvrage de M. l'abbé Dehaisnes sur l'*Histoire de l'art en Flandre*, dans celles du magnifique volume intitulé *The great seals of England,* paru à Londres il y a peu de temps, et dans plusieurs autres recueils d'un caractère également artistique. Enfin, le procédé employé dans le présent volume, procédé connu sous le nom de simili-gravure, marque un nouveau progrès dans l'application de cette heureuse découverte aux empreintes de métal ou de cire, et ce progrès ne sera sans doute pas le dernier.

Grâce à l'émulation qui semble pousser les différents peuples de l'Europe à mettre ainsi dans leur plus beau jour et à entourer du plus grand éclat possible tous ces petits chefs-d'œuvre enfantés par l'imagination de leurs aïeux, la sigillographie a désormais un avenir assuré. Elle ne sera plus une science fermée, au but vague et indéfini, aux adeptes rares, une science d'amateurs, comme on l'a jugée quelquefois. Elle rentrera, suivant la tendance actuelle des principales branches de l'archéologie, dans la catégorie des sciences positives et fécondes. Portant sur des objets mieux connus, accessibles à tous et multipliés par les moyens les plus ingénieux, elle apportera à l'histoire une quantité d'éléments inattendus, aux arts une source inépuisable d'inspirations nouvelles.

FIN.

TABLE DES MATIÈRES

CHAPITRE III.

LES MATRICES.

CHAPITRE IV.

LES EMPREINTES.

CHAPITRE V.

SCEAUX DES SOUVERAINS.

FIN DE LA TABLE DES MATIÈRES.

www.ingramcontent.com/pod-product-compliance
Ingram Content Group UK Ltd.
Pitfield, Milton Keynes, MK11 3LW, UK
UKHW010231240726
13926UKWH00013B/2135

9 782013 673099